Para todos nós

Com votos de que não nos separemos

CONVERSANDO A GENTE SE ENTENDE

Margaret J. Wheatley

Conversando a gente se entende

Solução simples para restabelecer
a esperança de um futuro melhor

Tradução
EUCLIDES LUIZ CALLONI
CLEUSA MARGÔ WOSGRAU

EDITORA CULTRIX
São Paulo

Título original: *Turning to One Another.*

Copyright © 2002 Margaret Wheatley.

Copyright da edição brasileira © 2003 Editora Pensamento-Cultrix Ltda.

Publicado originalmente por Berrett-Koehler Publishers, Inc. San Francisco, CA, EUA.

2ª edição 2012.

Todos os direitos reservados. Nenhuma parte deste livro pode ser reproduzida ou usada de qualquer forma ou por qualquer meio, eletrônico ou mecânico, inclusive fotocópias, gravações ou sistema de armazenamento em banco de dados, sem permissão por escrito, exceto nos casos de trechos curtos citados em resenhas críticas ou artigos de revistas.

A Editora Cultrix não se responsabiliza por eventuais mudanças ocorridas nos endereços convencionais ou eletrônicos citados neste livro.

Direitos de tradução para a língua portuguesa
adquiridos com exclusividade pela
EDITORA PENSAMENTO-CULTRIX LTDA.
Rua Dr. Mário Vicente, 368 – 04270-000 – São Paulo, SP
Fone: (11) 2066-9000 – Fax: (11) 2066-9008
E-mail: atendimento@editoracultrix.com.br
http://www.editoracultrix.com.br
que se reserva a propriedade literária desta tradução.
Foi feito o depósito legal.

Você precisa dar à luz as suas imagens.
Elas são o futuro esperando nascer.
Não tenha medo da estranheza que você sente.
O futuro precisa entrar em você
muito antes de acontecer.
Limite-se a esperar o nascimento,
o momento da nova claridade.

Rainer Maria Rilke

sumário

Primeira Parte: Ao Encontro do Outro **12**

Bem-vindo   14
Por que escrevi este livro   18
Como usar este livro   22
Podemos restabelecer a esperança no futuro?   26
No que acredito nestes tempos   29
Processos simples   31
A coragem de conversar   35
A prática da conversação   39
Disposição para perder o sossego   45

Segunda Parte: Momento de Pausa e Reflexão **53**

Terceira Parte: Estimuladores de Conversação............. **65**

Agora é a sua vez   66
   1. Sinto-me chamado a ser plenamente
     humano?   70
   2. Qual é a minha fé no futuro?   76
   3. No que acredito com relação aos outros?   85
   4. O que estou disposto a observar no meu mundo?   94
   5. Quando eu sou um bom ouvinte?   102
   6. Estou disposto a reservar tempo para pensar?   110
   7. Como eu quero me relacionar com a terra?   118
   8. Qual é a minha contribuição pessoal para o todo?   128
   9. Quando procurei trabalhar para o bem comum?   138
   10. Quando tenho a experiência do sagrado?   146

Gestos de amor   152
Ao encontro do outro   157

Referências   159
Créditos e permissões   161
Bibliografia   162
Endereços na Rede Mundial   164

primeira parte

ao encontro do outro

Bem-Vindo

Acredito que podemos mudar o mundo se voltarmos a nos ouvir uns aos outros. Conversas, diálogos simples, honestos, humanos. Não mediação, negociação, solução de problemas, discussões ou reuniões. Apenas bate-papos simples, sinceros, em que todos têm oportunidade de falar, em que todos são ouvidos e também ouvem.

Como seria ouvir-nos uns aos outros novamente sobre o que nos incomoda e perturba? Sobre o que nos dá força e esperança? Sobre os nossos anseios, os nossos medos, as nossas preces, os nossos filhos?

Eu imagino que você acredita, como eu, que este mundo precisa mudar. Este livro é um convite a observar o que está acontecendo, a clarear os seus pensamentos e experiências e a começar a falar com as pessoas que estão ao seu redor. O que você vê? O que você sente na sua vida e na vida das pessoas com as quais você se preocupa? O que você gostaria que fosse diferente?

A troca de idéias é o modo mais antigo e mais fácil de criar as condições para a mudança — mudança pessoal, mudança comunitária e organizacional, mudança planetária. Se conseguirmos nos sentar e conversar sobre o que é importante para nós, começaremos a nos sentir vivos. Compartilharemos o que vemos, o que sentimos, e ouviremos o que os outros vêem e sentem. Pois desde que habitamos este mundo como humanos, como grupos errantes de nômades ou de habitantes das cavernas, reservamos um tempo para falar e trocar experiências. Pintamos figuras em paredes de pedra, contamos sonhos e visões, narramos histórias do dia e, em geral, nos sentimos satisfeitos por estar no mundo juntos. Quando o mundo se tornou ameaçador, nós nos aproximamos. Quando o mundo nos chamou para explorar os seus limites, partimos juntos. Tudo o que fizemos, fizemos juntos.

Nunca quisemos ficar sós. Mas hoje estamos sós. Estamos mais fragmentados e isolados uns dos outros do que em qualquer outro momento da história. O arcebispo Desmond Tutu descreve essa situação como "uma ruptura radical em toda a existência". Movimentamo-nos em ritmos frenéticos, enredando-nos num isolamento cada vez maior. Buscamos alívio em tudo, menos uns nos outros. O mundo inteiro parece hipnotizado na direção errada — incitando-nos a amar as coisas em vez das pessoas, a abraçar tudo o que é novo sem perceber o que está perdido ou errado, a escolher o medo em vez da paz. Prometemos tudo a nós mesmos, menos um ao outro. Esquecemos a fonte do contentamento e do bem-estar verdadeiros.

Na verdade, porém, não esquecemos de todo. À medida que o mundo vai ficando mais complexo e assustador, sabemos que precisamos um do outro para descobrir nosso caminho em meio à escuridão. O anseio de uma vida em comum é universal. O que podemos fazer para ir ao encontro do outro?

A maneira mais simples de restabelecer o encontro é começar a falar sobre as preocupações de cada dia. Se pararmos de nos ignorar uns aos outros, de nos envolver em mexericos cheios de medos, o que poderemos descobrir?

Mas conversar exige tempo. Precisamos de tempo para nos sentar, para ouvir, para nos preocupar e sonhar juntos. Como esses tempos tumultuados nos afastam dos outros, precisamos reservar tempo para ficar juntos. Do contrário, não conseguiremos deter a fragmentação.

E precisamos ser capazes de falar com as pessoas que chamamos de "inimigos". O medo mútuo também nos mantém separados. Quase todos nós temos listas de pessoas que nos metem medo. Não conseguimos nos imaginar falando com elas e, se falássemos, sabemos que isso só criaria mais animosidade. Não conseguimos imaginar o que aprenderíamos com elas ou o que aconteceria se falássemos com as pessoas que mais tememos.

Acredito que podemos recuperar a conversação como um caminho de volta para o outro e em direção a um futuro cheio de esperanças. Apenas são necessárias imaginação, coragem e fé, qualidades que todos temos. Este é o tempo de vivê-las em sua plenitude.

Meg Wheatley

por que escrevi este livro

Eu escrevo bastante. Mas este livro é bem diferente de tudo o que escrevi nos últimos anos. Eu gostaria de relatar alguns aspectos da minha história pessoal para explicar por que me senti motivada a escrever este livro em particular neste momento.

Há muitos anos, venho tendo o privilégio de encontrar e de trabalhar com pessoas de diferentes comunidades, organizações e países. Sou convidada aos mais diversos lugares devido ao meu trabalho sobre liderança e vida nas organizações. Empenho-me em compreender como a vida se organiza e procuro aplicar esse aprendizado ao modo como estruturamos e configuramos as organizações humanas. A natureza se organiza muito mais eficazmente do que nós humanos, e de modo bastante diferente. Por exemplo, a vida trabalha cooperativamente, não competitivamente, em redes de relações em que um depende do outro. (Veja meus livros anteriores para mais detalhes.)

Descobri que a vida é o melhor professor para os dilemas dos tempos atuais. Como vivemos e trabalhamos num mundo que se torna cada vez mais caótico? Como vivemos e trabalhamos como uma comunidade e um planeta interdependentes? Como despertamos a criatividade e a solicitude inatas das pessoas? Quais são os valores que precisamos preservar enquanto tudo ao nosso redor muda? Como podemos ficar juntos de formas que afirmem e não que destruam a vida?

A maioria das pessoas que eu encontro são atenciosas, inteligentes e bem-intencionadas. Elas esperam que o trabalho que fazem seja benéfico para os outros, que faça uma pequena diferença. Eu já me encontrei com escoteiras de onze anos de idade, com comandantes do exército dos Estados Unidos, com povos tribais e com empresários, com ministros religiosos e do governo, sempre com o objetivo de refletir sobre a liderança que promove a vida.

Trabalhando no mundo todo, angustio-me mais a cada dia que passa. Especialmente nos últimos anos, as coisas não estão indo bem, em absoluto. As pessoas boas estão achando cada vez mais difícil fazer o que sabem que é melhor. Quer estejamos numa cidade pequena ou numa grande empresa globalizada, em qualquer país ou tipo de trabalho, as estruturas exigem que trabalhemos mais rápida, competitiva e egoisticamente — e que nos concentremos no curto prazo. Esses valores não podem conduzir a nada saudável e sustentável, e são assustadoramente destrutivos. Embora a vida seja o nosso melhor professor, não estamos aprendendo as suas lições. Penso que hoje precisamos aprender rapidamente a trabalhar e a viver juntos de modos que nos levem de volta à vida.

Analisei e debati essa situação angustiante com milhares de pessoas, e descobri uma coisa óbvia e extremamente esperançosa. Somos todos seres humanos. As expressões únicas de cultura e tradição que nos oferecem manifestações tão multifacetadas baseiam-se nos mesmos desejos humanos de sabedoria, liberdade, sentido e amor. Você e eu ansiamos pelas mesmas coisas — onde quer que estejamos, com quaisquer meios que estejam à nossa disposição.

Vivemos tempos cada vez mais tenebrosos. É difícil realizar um trabalho bom e duradouro. Parece também impossível produ-

ao encontro do outro

19

zir uma mudança saudável. Mas as pessoas ainda são basicamente boas e atenciosas. Podemos sentir-nos angustiados, acabrunhados, entorpecidos e amedrontados. Mas sob esses sentimentos ainda queremos aprender, ser livres, encontrar o sentido e o amor.

Como este é um período em que somos bombardeados com imagens da maldade humana, eu estudo intencionalmente a bondade humana. Aprendi muito com o trabalho que Paulo Freire realizou com as camadas pobres do Brasil, e você lerá alguns desses ensinamentos nestas páginas. As histórias e o trabalho de outras pessoas que me ensinaram também estão aqui — poetas, mestres espirituais, pessoas do cotidiano que vivem uma vida bem diferente da minha. Delas aprendi que, por mais que fiquemos abatidos — pela pobreza, por uma liderança opressora, pela tragédia —, é quase impossível destruir o espírito humano. Nós humanos continuamos com a vontade de aprender, de melhorar as coisas e de nos preocupar uns com os outros.

A verdadeira esperança está no fato de já termos os meios para despertar mais bondade de uns para com os outros. Testemunhei o poder surpreendente do saber ouvir e a recuperação que acontece quando alguém traduz em palavras a sua experiência. Vi isso pela primeira vez na África do Sul depois do apartheid. Algumas dessas histórias estão nestas páginas, além de outras de pessoas que vivem em condições muito difíceis. Podemos ter esquecido de como ouvir ou de como contar a nossa própria história, mas essas são as habilidades que nos ajudarão nestes tempos.

Também aprendi que, quando começamos a ouvir um ao outro, e quando falamos sobre coisas que nos incomodam, o mundo começa a mudar. Uma amiga e colega de muitos anos, Juanita Brown, compartilhou as suas experiências em organização comunitária e estratégia empresarial e a sua crença na capacidade individual de vislumbrar uma forma de ser um agente realmente comprometido. Juanita me ensinou que toda mudança, mesmo a mais ampla e profunda, se inicia quando algumas pessoas começam a falar entre si sobre algo que as preocupa. Conversas simples, com as pessoas junto à mesa da cozinha, sentadas na grama ou apoiadas no batente de uma porta são meios eficazes para começar a influenciar e a transformar o nosso mundo.

Desde 1998, uma outra amiga e colega, Christina Baldwin, vem me ensinando que os seres humanos sempre se sentaram em círculos e assembléias para pensar melhor e para desenvolver relações mais fortes e confiáveis. Hoje, já participei de muitos círculos nos mais diferentes ambientes. Quer com um grupo de amigos ou de desconhecidos, quer numa sala especial de uma empresa ou sobre troncos de árvores caídas nas matas africanas, aprendi que o simples processo de assembléia nos coloca num espaço de profunda relação de uns com os outros. E, à medida que a troca de idéias toma um ritmo que estimula o pensamento, tornamo-nos agentes sábios e corajosos no nosso mundo.

Esse aprendizado e essas observações convergiram para este livro. Meus sentimentos com relação a ele são mais bem descritos pela voz de Paulo Freire, com as palavras que ele usou no seu primeiro livro:

> Destas páginas, espero que pelo menos o seguinte permaneça: minha confiança nas pessoas e minha fé nos homens, nas mulheres e na construção de um mundo em que seja mais fácil amar.

como usar este livro

A intenção deste livro é apoiá-lo e incentivá-lo a iniciar conversas sobre coisas que são importantes para você e para as pessoas com quem você convive. Não existem outros objetivos. O livro está dividido em três partes. A Primeira Parte contém breves ensaios sobre coisas relevantes à conversação. Descrevo a força do diálogo para nos aproximar, como ele reaviva a nossa esperança e o compromisso de trabalhar para concretizar as mudanças que queremos ver no nosso mundo. Também descrevo várias condições que ajudam a manter uma boa conversa, incluindo a simplicidade, a coragem, a capacidade de ouvir e a variedade. Essa parte visa estimulá-lo a ser o promotor e o anfitrião de conversações. Espero que você se sinta apoiado para começar a agir, reunindo alguns amigos e colegas para falar sobre o que mais os preocupa.

A Segunda Parte contém algumas páginas de citações e imagens. O objetivo, aqui, é fazê-lo parar e refletir sobre o que leu, como preparação para a atividade seguinte, que é iniciar conversações. Espero que esta seção o inspire e lhe dê energia, porque de agora em diante a tarefa será toda sua.

A Terceira Parte é composta de dez curtos "Estimuladores de Conversação". Esses breves ensaios fornecem conteúdo para as suas conversas. (Naturalmente, você pode começar suas conversas com os assuntos e sonhos que você considera mais importantes.) Cada estimulador começa com uma pergunta e todos contêm uma ou duas histórias, alguns fatos e citações e os meus próprios comentários e interpretações sobre o tema. Incluí também alguns poemas.

Você mesmo será o juiz sobre a utilidade desse material como estimulador de diálogo. Talvez você queira usar apenas a pergunta, ou uma citação. Procurei deixar os ensaios curtos para poderem ser lidos em grupo, se isso for proveitoso. Minha maior esperança é que você, como anfitrião da conversação, seja provocado por esses estimuladores de diálogo e resolva qual é o mais eficaz para você e para os seus companheiros.

O que me fez escolher essas dez perguntas ou tópicos em particular? Eles não são os únicos temas sobre os quais precisamos conversar. Sei que há outros mais relevantes para a sua comunidade ou organização. Escolhi esses dez porque, na minha experiência, eles direcionam as pessoas a conversas sobre as suas crenças, os seus medos e as suas esperanças mais profundas. Eles também ajudam a compreender melhor as nossas experiências. Como as perguntas fazem emergir as nossas vivências e percepções pessoais, elas também revelam a nossa bondade humana fundamental. Quando falamos apoiados nessa base, nós nos aproximamos e desenvolvemos relações fortes. Eu espero que você faça uma tentativa com essas perguntas e constate se elas têm essa eficácia para você, para os seus amigos e para os seus colegas de empresa.

Sei que um único desses estimuladores pode facilmente levá-lo a dezenas de outros tópicos significativos e importantes. Para onde quer que a conversa o conduza, espero que você sinta como o ouvir e o falar uns com os outros desfazem divisões e nos dão nova coragem. Descobrimo-nos uns aos outros e também as

ao encontro do outro

nossas grandes capacidades humanas. Juntos, tornamo-nos capazes de criar um futuro onde todas as pessoas podem sentir os benefícios de uma vida humana bem vivida.

Podemos mudar o mundo se novamente começarmos a ouvir-nos uns aos outros. Por favor, junte-se a nós.

Para os Filhos

Gary Snyder

As colinas que se elevam, os declives
de estatísticas
estão diante de nós.
A íngreme subida
de tudo, subindo,
subindo, enquanto todos
descemos.

No próximo século
ou no que vem depois dele,
dizem,
há vales, pastagens,
podemos nos encontrar lá em paz,
se o construirmos.

Para escalar esses futuros picos
uma palavra para você, para
você e para os seus filhos:

fiquem juntos
descubram as flores
sigam alegres

podemos restabelecer a esperança no futuro?

Já não encontro mais muitas pessoas otimistas. Esteja eu onde estiver, país ou empresa, fale com quem falar. Quase todos estamos vivendo de maneira mais estressante, mais alienada e com menos sentido do que alguns anos atrás. Não é só porque há mais mudança, ou porque hoje ela é contínua. É a natureza da mudança que desconcerta. Por exemplo:

Um pequeno incidente político deflagra uma violência incessante.

Um pequeno defeito no computador transtorna vidas por dias ou semanas.

Problemas econômicos num determinado país provocam crises graves em muitos outros.

A fúria imperceptível de uma pessoa ou de um grupo subitamente ameaça a nós ou a alguém que amamos.

Uma doença localizada transforma-se rapidamente em epidemia global.

As pragas que esperávamos que estivessem extintas — pobreza, fome, analfabetismo, violência, doença — estão aumentando e se agravando.

Essas crises surgem repentinamente na vida de uma pessoa ou de uma comunidade. Elas são sempre chocantes, fora de controle e irracionais. O mundo deixa de fazer sentido, e não existem lugares seguros. Na descrição do sociólogo John Berger:

Não há continuidade entre as ações, não há pausas, caminhos, padrões, nem passado ou futuro. Apenas o clamor do... presente fragmentado. Há surpresas e sensações em toda a parte, mas não há saída em lugar nenhum. Nada flui; tudo obstrui.

Ao ouvir muitas pessoas, em muitos países, convenci-me de que são praticamente as mesmas coisas que nos perturbam. Ouvi atentamente muitos comentários e incluí alguns deles aqui. Tomados no todo, eles pintam um quadro de pessoas transtornadas por esses tempos em toda a parte, perguntando o que o futuro nos reserva. A seguir, alguns comentários e sentimentos que foram traduzidos em palavras:

Os problemas continuam aumentando; nunca são resolvidos. Resolvemos um e, imediatamente, surgem outros.

Nunca sei por que uma coisa acontece. Talvez ninguém saiba; talvez seja uma conspiração para impedir que saibamos.

Há mais violência hoje, e ela está afetando pessoas que eu amo.

Em quem posso acreditar? Quem me dirá o que está realmente acontecendo?

As coisas estão fora de controle, e piorando.

Não tenho mais tempo para a minha família. Estou vivendo uma vida que não gosto de viver.

Eu me preocupo com os meus filhos. Como será o mundo para eles?

Diante de tanta incerteza e irracionalidade, como podemos ter esperanças com relação ao futuro? E toda essa incerteza está nos afetando pessoalmente. Ela está mudando o nosso modo de agir e sentir. Observo isso em mim mesma e nos outros. Estamos mais cínicos, impacientes, assustados, irritados, defensivos, ansiosos; mais prontos a ferir a quem amamos.

Sem dúvida, não é isso que queremos. Como podemos tornar-nos pessoas que respeitamos, pessoas generosas, amorosas, curiosas, abertas, ativas? Como podemos garantir que no fim das nossas vidas sentiremos que realizamos um trabalho com significado, que construímos algo que permaneceu, que ajudamos outras pessoas, que criamos filhos saudáveis?

O que podemos fazer agora para restabelecer a esperança no futuro?

no que acredito nestes tempos

Eu descobri que só posso mudar o meu modo de agir se tenho consciência das minhas crenças e princípios. Os pensamentos sempre se revelam no comportamento. Como seres humanos, freqüentemente nos contradizemos — dizemos uma coisa e fazemos outra. Dizemos quem somos, mas logo agimos de maneira contrária. Dizemos que somos abertos, mas logo julgamos alguém pelas aparências. Dizemos que formamos uma equipe, mas fazemos mexericos sobre os colegas. Se queremos mudar o nosso comportamento, precisamos observar as nossas ações e ver se conseguimos descobrir a crença que leva a essa reação. O que me fez agir desse modo e não de outro?

Com o passar dos anos, observei que alimentamos crenças negativas sobre os outros. Ou acreditamos que não há nada que possamos fazer para ser diferentes dos outros. Ou que tudo está tão caótico que temos de cuidar apenas de nós mesmos. Com essas crenças, não podemos ir ao encontro do outro. Não formaremos uma aliança para o trabalho que precisa ser feito.

Procurei manter-me consciente das minhas crenças durante muitos anos. Vou descrever algumas delas aqui por várias razões. Primeiro, quero ser responsável por elas. Quero que as minhas crenças sejam visíveis nas minhas ações. Segundo, ao expô-las, você pode conhecer-me um pouco mais. Essas são as minhas crenças — espero que as suas sejam bem diferentes. Finalmente, espero que, ao expressar as minhas crenças, você se interesse em observar e expor as suas.

Eis algumas crenças que motivam as minhas atividades nos dias de hoje.

As pessoas são a solução para os problemas que temos. A tecnologia não é a solução, embora possa ajudar. Nós somos a solução — nós, como pessoas generosas, de coração aberto, que queremos usar a nossa criatividade e solicitude em benefício de outros seres humanos e da vida no seu todo.

Tudo o que existe são relações. Tudo no universo existe tão-somente porque se relaciona com tudo o mais. Nada existe em isolamento. Precisamos parar de imaginar que somos indivíduos que podemos sobreviver sozinhos.

Nós, seres humanos, queremos viver juntos. Só nos isolamos quando somos feridos pelos outros, mas não é nosso estado natural ficarmos sós. Atualmente, vivemos num estado antinatural — mais separados do que juntos.

Criamos esperanças quando alguém diz a verdade. Não sei por que isso é assim, mas passei por isso inúmeras vezes.

Uma relação verdadeira com outro ser humano nos dá alegria. As condições que criam essa ligação não importam. Mesmo os que trabalham lado a lado no pior desastre natural ou crise relembram essa experiência como inesquecível. Eles se surpreendem por sentir alegria no meio da tragédia, mas é o que sempre acontece.

Precisamos desacelerar. Nada mudará para melhor até que façamos isso. Precisamos de tempo para pensar, para aprender, para nos conhecer. Estamos perdendo essas grandes capacidades humanas na correria da vida moderna, e isso está nos matando.

A cura para o desespero não é a esperança. É a descoberta do que queremos fazer com relação a algo que nos importa.

processos simples

> Eu não daria absolutamente nada pela simplicidade neste lado da complexidade, mas daria a minha vida pela simplicidade no outro lado da complexidade.
>
> OLIVER WENDELL HOLMES

Muitos de nós gostaríamos de simplificar as nossas vidas e a vida em geral. Entretanto, percebo como é difícil aceitar e acreditar em soluções e processos simples. Tudo se tornou muito complicado. Coisas simples, como bate-papos com a vizinhança, adquiriram um caráter técnico, como o diálogo entre gerações ou entre culturas.

Quando um processo simples se torna uma técnica, ele só pode ficar cada vez mais complexo e difícil, nunca mais simples. Ele se torna um conhecimento especializado de uns poucos peritos, e todos ficamos na dependência deles. Esquecemos que sempre soubemos fazer coisas como conversar, planejar ou pensar. Em vez disso, tornamo-nos aprendizes submissos de métodos difíceis.

Diante de tantas técnicas especializadas para realizar coisas simples, passamos a desconfiar de tudo o que parece fácil. E os que têm perícia técnica são particularmente desconfiados. Já me surpreendi afastando-me do simples mais de uma vez porque percebi que eu não seria mais necessária. Esses são momentos proveitosos que me forçam a esclarecer o que é mais importante — a minha condição de especialista ou a garantia de que o trabalho será bem-feito. (Nem sempre escolhi o caminho mais nobre.)

Pode haver outro motivo por que as pessoas em geral hesitam em acreditar em soluções simples. Se é tão simples, por que não pensamos nisso antes? Por que investimos tanto tempo e dinheiro para aprender um método complicado? Todo esse aprendizado e esforço foi um desperdício de tempo? É sempre difícil reconhecer que perdemos o nosso tempo. Ficamos presos ao que é complicado só porque exigiu muito tempo de aprendizado.

Mas a simplicidade tem um aliado poderoso — o bom senso. Se refletimos sobre a nossa experiência, observamos que as boas soluções sempre são simples. Muito mais simples do que pensávamos que poderiam ser. Todos têm essa experiência, vezes sem conta.

Os cientistas aprendem a procurar soluções simples. Se existe uma escolha entre duas possibilidades, eles escolhem a mais simples. As soluções simples são chamadas de "elegantes" em ciência. A beleza do universo se expressa na simplicidade.

Sendo essa a verdade, as pessoas muitas vezes riem quando finalmente compreendem que existe uma solução simples, de senso comum. Creio que esse seja um riso de alívio, e de reconhecimento — lembramo-nos de todas as outras vezes em que o simples nos surpreendeu. Mas penso também que precisamos dar-nos crédito pelos nossos enfrentamentos com a complexidade. Podemos rir quando compreendemos tão-somente porque estamos no outro lado da complexidade.

A simplicidade da conversação humana

Propor a conversação humana como meio para restabelecer a esperança no futuro é muito simples. E já me convenci de que não existe meio mais eficaz de iniciar uma mudança significativa do que reunir-se para uma conversa. Quando um grupo de pessoas descobre que tem interesses comuns, a mudança começa. Não existe força igual à de um grupo que descobre o que é importante para ele.

É fácil observar isso em nossas próprias vidas, e também na história recente. O Solidariedade, na Polônia, começou com a conversa — menos de uma dúzia de operários num estaleiro de Gdansk, conversando uns com os outros sobre o seu desespero e a sua necessidade de mudança e de liberdade. Em menos de um mês, o Solidariedade chegou a associar 9,5 milhões de trabalhadores. Nessa época não havia correio eletrônico, apenas pessoas falando umas com as outras sobre as suas necessidades e descobrindo que as suas necessidades eram comuns a milhões de cidadãos iguais a elas. No final daquele mês, os 9,5 milhões agiam como uma única voz exigindo mudanças. Eles pararam o país.

Sempre que leio sobre um novo esforço de ação humanitária — alguns dos quais ganharam o Prêmio Nobel da Paz — é sempre uma história do poder da conversação. Em algum ponto da descrição do modo como tudo começou, deparamo-nos com a frase "Alguns amigos e eu começamos a conversar..."

É sempre assim. A verdadeira mudança começa com o simples ato de pessoas se encontrando e falando sobre o que as preocupa. Elas perceberam o perigo que representa a rua que passa na frente do colégio? O câncer aumentando na vizinhança? Minas terrestres mutilando os seus filhos? Mortes causadas por motoristas embriagados? Basta que dois ou três amigos se dêem conta de que estão envolvidos no mesmo problema... e o mundo começa a mudar. A primeira conversa entre eles se espalha. Amigos falam com amigos. Como os amigos se preocupam uns com os outros, eles prestam atenção ao que está sendo dito. E falam com outros, e isso aumenta sempre mais.

Uma senhora canadense me contou a seguinte história. Ela estava voltando ao Vietnã para buscar um segundo filho, adotado no mesmo orfanato do primeiro. Ela havia visto as condições lá existentes na primeira visita, dois anos antes, e prometera a si mesma que conseguiria suprimentos médicos. "Eles precisavam de Tylenol, e não de camisetas ou de bugigangas." Certo dia, ela estava dizendo isso a uma amiga, que sugeriu que o equipamento médico mais útil que ela poderia conseguir seria uma incubadora. Ela ficou surpresa com a sugestão (pois pensara em bandagens e comprimidos), mas começou a fazer alguns telefonemas, procurando uma incubadora. Muitas chamadas e, semanas depois, ela havia recebido material pediátrico suficiente para encher quatro contêineres de quarenta pés cada um! E doze incubadoras. De uma conversa casual entre duas amigas, ela e muitas outras se organizaram num programa de solidariedade da maior importância para a vida de crianças vietnamitas. E tudo começou quando "algumas amigas e eu começamos a conversar".

Histórias como essa são inúmeras. Eu não consigo pensar em nada que me tenha dado recentemente mais esperança do que ver como simples conversas que nascem no fundo da nossa solicitude geram ações da maior eficácia, ações que mudam vidas e restabelecem a esperança no futuro.

a coragem de conversar

Não é fácil retomar a prática da troca de idéias. Ficamos calados e distanciados por muitas razões. Alguns nunca foram convidados a expor suas idéias e opiniões. Desde os tempos da escola elementar, e agora como adultos, somos orientados a ficar calados para que outras pessoas nos digam o que pensar. Outros estão acostumados a participar de reuniões para discutir idéias, mas esses encontros degeneram em pessoas se desentendendo, abandonando os debates exasperadas ou assumindo o controle da pauta. Essas experiências nos deixaram com receio de falar e com medo uns dos outros.

Mas uma boa conversa é muito diferente dessas reuniões inúteis. É uma maneira mais antiga e confiável para os seres humanos pensarem juntos. Antes que surgissem as reuniões, os processos de planejamento e outras técnicas, havia conversa — pessoas falando sobre interesses comuns. Quando pensamos em iniciar uma conversa, podemos buscar coragem no fato de que esse é um processo que todos conhecemos. Estamos reavivando uma prática ancestral, uma maneira de estar junto que todos os seres humanos lembram. Uma colega da Dinamarca explicou isso perfeitamente: "Lembra-me o que significa sermos seres humanos."

Podemos encontrar coragem também no fato de que muitas pessoas anseiam por voltar a conversar. Estamos sedentos de uma oportunidade de falar. As pessoas querem contar suas histórias e estão dispostas a ouvir as histórias dos outros. Elas querem falar sobre o que lhes diz respeito e sobre as suas dificuldades. Muitos de nós nos sentimos isolados, excluídos ou despercebidos. A conversação ajuda a acabar com isso.

Uma colega me contou que, num congresso de profissionais, ela reservou algum tempo da sua palestra para que os participantes mantivessem conversas verdadeiras. No fim, as pessoas se levantaram, aclamaram e aplaudiram.

Creio que basta uma única pessoa corajosa para iniciar uma conversa. Uma apenas, porque as demais estão ávidas por uma oportunidade para falar. Só estão esperando que alguém comece. Elas não são tão valentes como você.

Onde podemos encontrar coragem para iniciar uma boa conversa? A resposta está na própria palavra. *Coragem* deriva da palavra do francês antigo para coração (*cuer*). Desenvolvemos coragem com as coisas que falam ao coração. A nossa coragem aumenta para coisas que nos afetam profundamente, coisas que abrem os nossos corações. Quando o coração está envolvido, é fácil ser corajoso.

Apenas precisamos de coragem suficiente para convidar amigos para conversar. Grandes e bem-sucedidos esforços de mudança começam com uma conversa entre amigos, não com pessoas que estão no poder. "Alguns amigos e eu começamos a conversar..." A mudança não começa com um líder comunicando um plano. A mudança começa no âmago de um sistema, quando algumas pessoas observam alguma coisa que não toleram mais ou reagem a um sonho sobre algo possível. Precisamos apenas encontrar outras pessoas que se preocupem com a mesma coisa. Juntos analisaremos qual seja o primeiro passo a dar, depois o seguinte, e o próximo. Aos poucos, aumentamos em número e nos tornamos fortes. Não precisamos começar fortes, precisamos começar com paixão.

Mesmo entre amigos, pode ser necessária coragem para começar uma conversa. Mas a conversa também nos dá coragem. Pensando juntos, decidindo quais ações devem ser executadas, muitos de nós nos tornamos audaciosos, e também mais prudentes quanto ao uso da nossa audácia. À medida que aprendemos com as experiências e interpretações uns dos outros, vemos a questão com mais detalhes, compreendemos melhor a dinâmica que a criou. Com essa clareza, sabemos que ações deflagrar e onde podemos ser mais influentes. Também sabemos quando não agir, quando o momento certo significa não fazer nada.

Se a conversa é o modo natural como os seres humanos pensam juntos, o que se perde quando paramos de conversar? Paulo Freire, um educador do Brasil e do mundo, que usou a educação para ajudar as pessoas pobres a transformarem as suas vidas, disse que "não podemos ser verdadeiramente humanos sem comunicação... impedir a comunicação significa reduzir as pessoas à condição de coisas".

Quando nós, seres humanos, não conversamos uns com os outros, deixamos de agir com inteligência. Renunciamos à nossa capacidade de pensar sobre o que acontece. Não agimos para mudar as coisas. Tornamo-nos passivos e deixamos que os outros nos digam o que fazer. Perdemos a nossa liberdade. Tornamo-nos objetos, não pessoas. Quando não conversamos, desistimos da nossa humanidade.

Freire tinha uma fé profunda na capacidade de cada pessoa de ser um pensador lúcido e um agente corajoso. Nem todos temos essa fé uns nos outros. Mas é preciso ter fé se queremos convidar amigos para conversar. Precisamos acreditar que eles têm algo a oferecer e que estão interessados numa conversa construtiva. Do contrário, não há sentido em propor-lhes o que quer que seja. Às vezes, é preciso fé para acreditar que os outros têm tanto interesse e capacidade como nós. Mas, na minha experiência, quando o assunto é importante para os outros, eles não nos decepcionam. Se você começa uma conversa, os outros o surpreenderão com capacidade, generosidade e coragem sempre crescentes.

Penso que a maior fonte de coragem é perceber que, se não agirmos, nada mudará para melhor. A realidade não muda sozinha. Ela precisa da nossa ação. Perto de onde moro, vi um pequeno grupo de mães reunir-se timidamente para resolver um problema da comunidade. Elas queriam que os filhos pudessem ir para a escola a pé, com segurança. Ficaram admiradas quando os vereadores aprovaram o seu pedido de instalação de um semáforo. Estimuladas por essa vitória, iniciaram um novo projeto, e depois outro. Cada esforço fundamentava-se no sucesso obtido e era mais ambicioso que o anterior. Depois de alguns anos trabalhando para melhorar a vizinhança, elas passaram a pleitear uma substancial ajuda financeira do governo dos Estados Unidos para o desenvolvimento do bairro (dezenas de milhões de dólares). Atualmente, uma daquelas primeiras mães é especialista em planejamento habitacional, foi eleita vereadora, e acabou de completar um mandato como presidente da câmara. Quando ela conta a sua história, o início é igual ao de todas as outras: "Algumas amigas e eu começamos a conversar."

É preciso coragem para iniciar uma conversa. Mas, se não começarmos a conversar, nada mudará. A conversa é o meio para descobrir como transformar o nosso mundo, juntos.

a prática da conversação

Muitas são as formas para se atuar como anfitrião numa conversa de conteúdo significativo.

Embora eu venha atuando como anfitriã desde 1993, a minha confiança na conversação e o meu amor por ela são mais recentes, resultado direto do que aprendi com o trabalho de duas colegas e amigas, Christina Baldwin e Juanita Brown. Cada uma delas, com várias colegas, propuseram formas diferentes e muito eficazes para promover conversas que geram percepções e ações profundas, além de um forte senso de espírito comunitário. No final deste livro, dou informações mais detalhadas sobre o trabalho delas. Elas são instrutoras especializadas em métodos de atuação como anfitrião de conversações. Espero que você entre em contato direto com elas.

Apaixonei-me pela prática da conversação desde a primeira vez em que tive a sensação de união, de comunhão, proporcionada por esse processo. Grande parte do que fazemos em comunidades e organizações converge para as nossas necessidades individuais. Assistimos a uma conferência ou a uma reunião por objetivos pessoais, "pelo que posso conseguir com isso". A conversa é diferente. Embora cada um se beneficie pessoalmente com uma boa conversa, também descobrimos que nunca estivemos tão separados quanto imaginávamos. Uma boa conversação nos une num nível mais profundo. Quando compartilhamos nossas diferentes experiências humanas, redescobrimos um sentimento de unidade. Lembramos que somos parte de um todo maior. E para alegria ainda maior, entramos em contato com a nossa sabedoria coletiva. De repente, percebemos como, juntos, podemos ser sábios.

Para que a conversação nos leve a esse nível mais profundo, penso que precisamos adotar vários novos comportamentos. Aqui estão os princípios que aprendi a enfatizar antes de começar um processo de conversação formal:

reconhecemo-nos uns aos outros como iguais

procuramos ser curiosos uns com relação aos outros

reconhecemos que precisamos da ajuda uns dos outros para nos tornarmos melhores ouvintes

reduzimos o ritmo para ter tempo para pensar e refletir

lembramos que o diálogo é o modo natural de os seres humanos pensarem juntos

antevemos que, às vezes, pode haver confusão

Eu gostaria de descrever mais detalhadamente cada um desses comportamentos.

Reconhecemo-nos uns aos outros como iguais. A conversa é uma oportunidade de nos encontrarmos como iguais, não como funções ou papéis. O que nos faz iguais é o fato de sermos seres humanos. Uma segunda coisa que nos torna iguais é que precisamos uns dos outros. Tudo o que sabemos é insuficiente. Só conseguimos ver parte do todo. Não podemos abarcá-lo sozinhos. Alguém vê alguma coisa de que os demais talvez precisem.

Procuramos ser curiosos uns com relação aos outros. Quando iniciamos uma conversa com essa humildade, ela nos ajuda a nos interessarmos por quem está presente. A curiosidade é um grande incentivo para uma boa conversa. Temos mais facilidade para contar a nossa história, para partilhar os nossos sonhos e medos, quando sentimos que os outros de fato têm curiosidade em relação a nós. A curiosidade nos ajuda a retirar a máscara e a baixar a guarda. Ela cria um espaço que é raro em outros tipos de atividade. Demora tempo para criar esse espaço, mas, à medida que o sentimos ampliando-se, falamos com mais confiança e o diálogo se encaminha para o que é real.

Quando estou conversando, procuro manter a curiosidade lembrando a mim mesma que todos os presentes têm algo a me ensinar. Quando eles dizem coisas de que discordo ou sobre as quais nunca pensei ou, ainda, que considero tolas ou erradas, lembro-me interiormente que eles têm algo a me ensinar. De alguma maneira, esse pequeno lembrete ajuda a me manter mais atenta e menos judiciosa. Ele ajuda a manter-me aberta às pessoas.

Reconhecemos que precisamos da ajuda uns dos outros para nos tornarmos melhores ouvintes. Penso que a maior barreira a um bom diálogo é o fato de termos perdido a capacidade de ouvir. Estamos muito ocupados, muito seguros, muito estressados. Não temos tempo para ouvir. Simplesmente cruzamos apressados uns pelos outros. Isso se aplica a praticamente todos os ambientes hoje em dia. Um presente da conversação é que ela nos ajuda a novamente nos tornarmos bons ouvintes.

Quando sou a anfitriã de uma conversa, peço a todos que ouçam o melhor possível e que se ajudem mutuamente a ouvir melhor. Concordamos conscientemente sobre isso como parte do objetivo de estarmos juntos. Ao firmar esse acordo, reconhecemos

ao encontro do outro

que é difícil aprender a ouvir e que estamos todos nos esforçando para isso. Se falamos sobre esse ponto logo no início, as coisas ficam mais fáceis. Se alguém não nos ouve ou se interpreta mal o que dissemos, é menos provável que reprovemos essa pessoa. Podemos ser um pouco mais tolerantes com as dificuldades que sentimos à medida que tentamos tornar-nos bons ouvintes. E, naturalmente, não podemos aprender a ser bons ouvintes sozinhos. Precisamos um do outro se quisermos adquirir essa capacidade.

Reduzimos o ritmo para ter tempo para pensar e refletir. Ouvir é uma das qualidades exigidas para uma boa conversa. Reduzir o ritmo é uma segunda. Quase todos trabalhamos em lugares onde não temos tempo para parar e pensar juntos. Entramos e saímos correndo de reuniões onde tomamos decisões apressadas, sem reflexão. A conversação cria as condições que nos ajudam a redescobrir a alegria de pensar juntos. Há várias técnicas para desacelerar a conversação. Uma, a mais eficiente, foi adaptada de práticas tribais dos nativos americanos. Essas técnicas estão bem descritas nas obras citadas no fim do livro.

Lembramos que o diálogo é o modo natural de os seres humanos pensarem juntos. Na conversa, lembramos tanto quanto aprendemos. Os seres humanos sabem como falar uns com os outros — fazemos isso desde que desenvolvemos a linguagem. Não estamos inventando a fala no século XXI; estamos recuperando-a da experiência humana primitiva. Humberto Maturana, eminente biólogo chileno, acha que os seres humanos desenvolveram a linguagem quando, querendo mais intimidade, começaram a formar grupos familiares. A linguagem nos dá os meios que nos permitem conhecer-nos melhor uns aos outros. É por isso que a inventamos.

Se você atuar como anfitrião de uma conversa, baseie-se nessa história. Nós, humanos, sabemos fazer isso. Entretanto, é demorado abandonar os nossos métodos modernos de participar de reuniões, superar os comportamentos que nos mantêm afastados. Viemos cultivando uma série de maus hábitos quando estamos juntos — falar muito depressa, interromper os outros, monopolizar o tempo, discursar, pontificar. Muitos de nós fomos recompensados por esses comportamentos. Ficamos mais poderosos usando-os. Mas nenhum deles leva a pensar de modo mais sensato nem conduz a relacionamentos saudáveis. Eles só nos afastam uns dos outros.

Antevemos que, às vezes, pode haver confusão. Como a conversa é o modo natural de os seres humanos pensarem juntos, ela é, como a vida em geral, confusa. A vida não segue linhas retas, e o mesmo acontece com uma boa conversa. No início de um diálogo, as pessoas dizem coisas desconexas. O importante, no começo, é que todos sejam ouvidos, que todos se sintam convidados a participar. Cada um falará da sua própria perspectiva. Assim, ninguém dirá a mesma coisa. É como se você estivesse vendo uma bola de pingue-pongue rebatendo de uma parede à medida que a conversa passa de um tópico a outro. Se você for o anfitrião, talvez você se sinta responsável por estabelecer relações entre as diversas contribuições (mesmo quando não as vê).

É importante não ceder a esse impulso e apenas observar a confusão. A contribuição de cada pessoa acrescenta um elemento ou um tempero diferente ao conjunto. Se estabelecermos as relações antes do tempo, perderemos a variedade de que precisamos. Se buscarmos os aspectos comuns superficiais, não descobriremos a sabedoria coletiva que só pode ser encontrada nas profundezas. Precisamos estar dispostos a ouvir, ser curiosos com relação à variedade de experiências e idéias. Não há necessidade de que haja sentido imediatamente.

Essa fase confusa não dura para sempre, embora possamos achar o contrário. Mas se abafarmos a confusão no início, ela nos encontrará mais adiante, e então será pior. Conversas com significado dependem da nossa disposição para não esperar que os pensamentos sejam lógicos, as categorias, claras e as funções, bem explicitadas. A confusão tem o seu espaço. Precisamos dela sempre que queremos pensar melhor ou formar relações mais ricas. O primeiro estágio consiste em ouvir bem o que os outros dizem. Ficaremos surpresos com tudo o que temos em comum. A ordem mais profunda que unifica a nossa experiência revelar-se-á, mas só se antes permitirmos o caos.

A prática da conversação exige coragem, fé e tempo. Não conseguiremos conduzi-la da maneira adequada na primeira vez, e também não é preciso. Nós nos predispomos e nos preparamos para conversar, não havendo necessidade de resultados imediatos. À medida que nos arriscamos a falar uns com os outros sobre assuntos que nos preocupam, que ficamos curiosos com relação aos demais e que reduzimos o ritmo, aos poucos nos lembramos desse modo imemorial de estar juntos. Nossos comportamentos apressados e irrefletidos desaparecem e nós usufruímos calmamente a dádiva de estar juntos, exatamente como sempre fizemos.

disposição para perder o sossego

Quando trabalhamos juntos para restabelecer a esperança no futuro, precisamos incluir um novo e estranho aliado — a disposição para perder o sossego. Disposição para ter nossas crenças e idéias contrariadas pelo que os outros pensam. Nenhuma pessoa ou perspectiva pode dar-nos as respostas que precisamos para os problemas de hoje. Paradoxalmente, só podemos encontrar essas respostas admitindo que não sabemos. Precisamos estar dispostos a abandonar as nossas certezas e a esperar uma certa confusão durante algum tempo.

Não fomos treinados a admitir que não sabemos. Quase todos fomos orientados a demonstrar segurança e confiança, a expor a nossa opinião como se fosse verdadeira. Não fomos recompensados por sermos confusos. Ou por fazer mais perguntas do que dar respostas rápidas. Também passamos muitos anos ouvindo os outros, principalmente para concluir se concordamos ou não com eles. Não temos tempo nem interesse em sentar e ouvir os que pensam de modo diferente do nosso.

Mas o mundo atual se mostra bastante desconcertante. Não vivemos mais aqueles dias encantadores e pachorrentos em que a vida era previsível, quando sempre sabíamos o que fazer em seguida. Vivemos num mundo complexo; muitas vezes nem sabemos o que está acontecendo, e não seremos capazes de compreender a sua complexidade se não passarmos mais tempo não sabendo.

É muito difícil abandonar as nossas certezas — nossas posições, nossas crenças, nossas explicações. Elas ajudam a nos definir; elas estão no âmago da nossa identidade pessoal. No entanto, acredito que conseguiremos mudar este mundo, bastando que pensemos e trabalhemos juntos de formas novas. Precisamos de curiosidade. Não precisamos renunciar às nossas crenças, mas precisamos ser curiosos com relação às crenças dos outros. Precisamos reconhecer que o modo como eles interpretam o mundo pode ser essencial para a nossa sobrevivência.

Vivemos num sistema global compacto e emaranhado. Como vivemos em diferentes partes dessa complexidade, e como não existem duas pessoas fisicamente idênticas, cada um de nós sente a vida de modo diferente. É impossível que duas pessoas vejam as coisas exatamente do mesmo modo. Você mesmo pode comprovar isso. Escolha qualquer evento de que você tenha participado com outros (uma palestra, um filme, um fato atual, um problema grave) e peça a seus colegas e amigos que descrevam a interpretação que fazem do evento. Você ficará espantado com a quantidade de relatos diferentes que ouvirá. Convencido desse sentimento de diversidade, pergunte a mais colegas. Você terminará com uma rica tapeçaria de interpretações, muito mais interessante do que qualquer uma tomada isoladamente.

Para sermos curiosos sobre o modo como os outros interpretam as coisas, precisamos estar dispostos a admitir que não somos capazes de conceber tudo sozinhos. Se as nossas soluções não funcionam tão bem como gostaríamos, se as nossas explicações do porquê algo aconteceu parecem insuficientes, é o momento de começar a perguntar aos outros o que eles vêem ou pensam. Quando muitas interpretações estão disponíveis, eu não consigo entender por que ficaríamos satisfeitos com conversações superficiais em que fingimos concordar uns com os outros.

Existem muitas maneiras de participar e ouvir as diferenças. Ultimamente, dou muita atenção ao que me surpreende. O que ouvi que me deixou espantada? Isso não é fácil — estou acostumada a estar presente e a balançar a cabeça para os que dizem coisas com que concordo. Mas quando ouço o que me surpreende, consigo ver os meus próprios pontos de vista com mais clareza, incluindo as minhas crenças e pressupostos.

Prestar atenção ao que me surpreende e perturba vem sendo uma maneira proveitosa de ver crenças imperceptíveis. Se o que você diz me surpreende, devo ter estado presumindo que alguma outra coisa era verdadeira. Se o que você diz me perturba, devo acreditar em alguma coisa contrária. Minha reação à sua postura revela a minha própria posição. Quando me ouço dizendo, "Como alguém pode acreditar numa coisa dessas?" — um raio de luz me toca para que eu veja as minhas próprias crenças. Esses momentos são dádivas preciosas. Se consigo ver as minhas crenças e pressupostos, posso verificar se ainda lhes dou valor.

Espero que você inicie uma conversa procurando ouvir o que é novo. Preste muita atenção ao que é diferente, ao que o surpreende. Veja se essa prática o ajuda a aprender algo novo. Observe se você desenvolve uma relação melhor com o seu interlocutor. Se fizer isso com várias pessoas, talvez você se surpreenda rindo deliciado diante da infinidade de formas singulares de que o ser humano pode se revestir.

Temos a oportunidade muitas vezes durante o dia, todos os dias, de ser a pessoa que ouve os outros, curiosos em vez de categóricos. Mas o maior benefício é que o ouvir nos aproxima.

Quando ouvimos julgando menos, sempre desenvolvemos relações melhores com os outros. Não são as diferenças que nos separam, mas os nossos julgamentos sobre os outros. A curiosidade e o ouvir correto nos aproximam.

Às vezes hesitamos em prestar atenção às diferenças porque não queremos mudar. Sentimo-nos bem com a nossa vida, e se déssemos ouvidos aos questionamentos feitos, teríamos de nos empenhar em mudar as coisas. Se não ouvimos, as coisas podem continuar como estão, e não precisamos gastar energia. Mas em geral vemos coisas na nossa vida, ou no mundo, que gostaríamos que fossem diferentes. Se isso é verdade, precisamos ouvir mais, não menos. E precisamos ter disposição para penetrar no espaço bastante desconfortável da incerteza.

Não podemos ser criativos se nos recusamos a ficar confusos. A mudança sempre começa com a confusão; interpretações acalentadas precisam se dissolver para abrir caminho para novas visões. É claro que é assustador renunciar ao que sabemos, mas o abismo está onde mora a novidade. Grandes idéias e invenções aparecem milagrosamente no espaço do não saber. Se conseguimos passar pelo medo e entrar no abismo, somos imensamente recompensados. Voltamos a descobrir que somos criativos.

Num momento em que o mundo vai ficando cada vez mais estranho, enigmático e difícil, eu não acredito que haja alguém que queira enfrentá-lo sozinho. Não sei o que fazer desta minha perspectiva limitada. Eu sei que preciso compreender melhor o que está acontecendo. Quero sentar-me com você e falar sobre todas as coisas assustadoras e esperançosas que observo, e ouvir o que o amedronta e lhe dá esperanças. Preciso de novas idéias e soluções para os problemas que me preocupam. Sei que preciso falar com você para descobri-las. Preciso aprender a valorizar o seu ponto de vista, e quero que você valorize o meu. Espero perder o sossego diante do que vou ouvir de você. Sei que não temos de concordar para pensar bem juntos. Não há necessidade de nos unirmos pela cabeça. Estamos unidos pelos nossos corações humanos.

Nunca sabemos quem somos

Margaret Wheatley

Nunca sabemos quem somos
(não é estranho?)

ou que promessas fizemos
ou quem conhecemos

ou o que esperávamos
ou onde estávamos

quando os sonhos do mundo
foram semeados.

Até o dia em que um de nós

acalenta um sonho bom
e todos sentimos a mudança

um de nós diz um nome
e todos estamos lá

um de nós conta um sonho
e todos insuflamos vida nesse sonho

um de nós pergunta "por quê?"
e todos sabemos a resposta.

É muito estranho.

Nunca sabemos quem somos.

segunda parte

momento de pausa e reflexão

A conversa é a maneira natural que

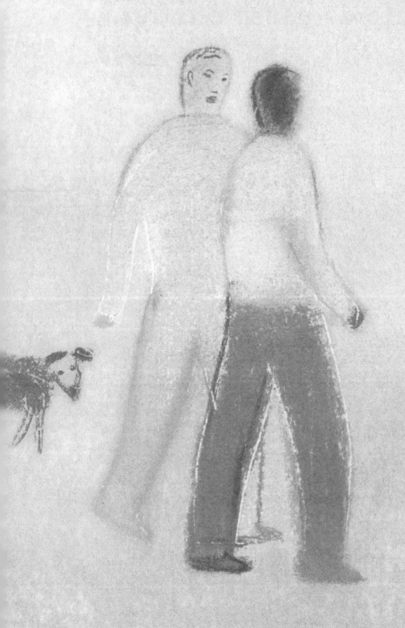

os seres humanos encontraram para pensar juntos.

Não podemos ser criativos se nos

recusamos a ficar confusos.

*Não são as diferenças
que nos separam.*

*São as opiniões que temos
a respeito dos outros.*

Não existe poder maior para a

mudança do que o de uma comunidade que descobre o que a preocupa.

Estou me tornando alguém que respeito?

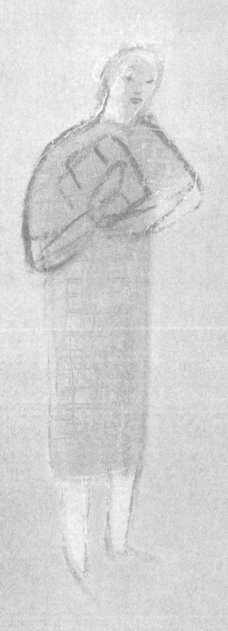

A realidade não muda sozinha.
Precisamos agir.

terceira parte

estimuladores de conversação

agora é a sua vez

A primeira parte deste livro foi escrita na esperança de que você se sentiria estimulado e até impelido a iniciar conversas. Nesta Terceira Parte você encontrará dez estimuladores de conversação. Aqui, tudo lhe é oferecido como recurso para ajudá-lo em sua função de anfitrião. Cada estimulador de conversação é um breve ensaio desenvolvido em torno de uma pergunta e sustentado por histórias, citações, poemas e pelos meus comentários pessoais.

Mas agora o trabalho é seu. Nada mudará no mundo se você guardar esses estimuladores para si. Espero que os considere suficientemente estimulantes para comentá-los com amigos e colegas. Na verdade, *espero que você seja agora o estimulador da conversação.*

Incentivo-o a começar uma conversa com um assunto ou sonho que seja relevante para você e para seus amigos. Mas também espero que, agora ou mais adiante, você use os estimuladores de conversação aqui apresentados. Creio que você se surpreenderá com a qualidade e a profundidade das conversas que eles criam. Sei que você se admirará com a facilidade de desenvolver diálogos ricos e significativos. E desejo que você fique inspirado e surpreso com o que vai aprender com os seus interlocutores.

Comece por onde você se sente mais à vontade e com pessoas ansiosas por fazê-lo. Aos poucos, amplie o número de participantes, formando um grupo mais diversificado e interessante. Uma pergunta a apresentar ao seu círculo de conversação é a seguinte: Quem mais poderia participar? Se fizer essa pergunta periodicamente, você receberá novas e importantes contribuições de outras pessoas.

Novos participantes reavivam a nossa energia e freqüentemente nos ajudam a descobrir soluções para problemas que parecem insolúveis. Se o seu círculo de conversação está travado, ou tornando-se tedioso ou nervoso, abra as portas e convide novas pessoas. Eu sigo o princípio de que, se queremos mudar a conversa, precisamos mudar quem dela participa.

Espero que você comece pequeno e simples, e às vezes procure descobrir outras pessoas que gostariam de falar com você. Espero que, com a evolução dos seus encontros, você conheça o que eu descobri ser uma verdade: não existe poder maior para a mudança do que o de uma comunidade que descobre o que a preocupa.

Chegou a hora de você começar a conversar.

Sinto-me chamado

a ser plenamente humano?

Não nos propomos a salvar o
mundo; propomo-nos a observar como
as pessoas agem e a
refletir sobre como as nossas ações afetam
o coração dos outros.

Pema Chödrön

Sinto-me chamado a ser plenamente humano?

Paulo Freire era um educador do Brasil e do mundo que acreditava nas pessoas. Ele afirmava muitas vezes que temos "vocação para ser plenamente humanos". Ele demonstrou que, quando pessoas pobres e analfabetas aprendiam a pensar, elas compreendiam o que causava a pobreza em que viviam. Entendido isso, elas podiam agir com todas as suas forças para mudar o seu mundo. O enfoque de Paulo Freire à educação é chamado de "pedagogia do amor". Mas o que ele quer dizer quando afirma que temos vocação para ser plenamente humanos?

O conceito de *vocação* provém de tradições espirituais e filosóficas. Ele descreve um *"chamado"*, um trabalho que nos é dado, uma missão que compete a nós cumprir. Não somos nós que decidimos a nossa vocação; nós a recebemos. Ela sempre tem origem fora de nós. Por isso, não podemos falar em vocação ou em chamado sem aceitar que alguma coisa está acontecendo além do nosso limitado senso do Eu. Essa aceitação ajuda-nos a lembrar que existe algo mais do que apenas eu, de que somos parte de uma dimensão maior e dotada de propósito.

Mesmo não usando a palavra *vocação,* quase todos sentimos que a nossa vida tem um objetivo. Desde a juventude, e especialmente na maturidade, as pessoas expressam a sensação de vida agindo através delas, da crença de que a sua existência tem uma razão. Eu adoro ouvir os jovens dizerem que sabem que existe uma razão para eles estarem aqui. Eu sei que, se mantiverem essa consciência de um objetivo, eles serão capazes de lidar com qualquer experiência que a vida lhes reserve. Se não sentimos que há um sentido para as nossas vidas, as dificuldades facilmente nos abatem e desestimulam.

Essa consciência de que existe um objetivo além de nós mesmos é uma experiência humana universal, quaisquer que sejam as circunstâncias da nossa vida. Não precisamos ter conforto, alimentar-nos bem ou estar em segurança para sentir que existe um propósito na nossa vida. Muitas vezes, os que vivem nas condições mais horríveis da prisão ou da pobreza são os melhores professores. O modo como suportam a tragédia e o sofrimento nos dá uma idéia muito clara do que significa ter vocação para ser plenamente humano.

Contaram-me a história de uma ruandesa, mãe de seis filhos e grávida, cuja vila foi destruída por uma chacina. Ela foi a primeira a ser atingida pelos tiros, ficou embaixo dos corpos dos seis filhos assassinados e foi dada como morta. Pois ela levantou-se, enterrou os filhos, deu à luz o filho que esperava e pouco depois adotou cinco crianças cujos pais haviam sido mortos no mesmo massacre. Ela expressou a crença de que a vida dela havia sido poupada para que ela pudesse cuidar desses órfãos depois da perda dos próprios filhos.

Essa jovem mãe africana me ensinou o que significa ter vocação para ser plenamente humano. Eu acredito que nos tornamos mais totalmente humanos com qualquer gesto de generosidade, toda vez que vamos ao encontro do outro em vez de nos recolhermos no nosso sofrimento individual. Para nos tornarmos inteiramente humanos, precisamos continuar abrindo os nossos corações, aconteça o que acontecer. Nos dias de hoje, quando o sofrimento e a ansiedade aumentam incessantemente, quando sempre há motivo para chorar por uma tragédia insuportável infligida por um ser humano a outro, procuro lembrar-me de manter o meu coração aberto.

Na minha experiência, observo que gosto mais de mim mesma quando sou generosa e magnânima. Não gosto da pessoa em que me transformo quando fico com medo dos outros ou irritada com eles. As ações de muitas pessoas me levam à raiva e ao medo — mas não gosto do que sinto quando reajo levada pelo medo. Nessas ocasiões, não me sinto mais humana, mas menos. Só me torno mais plenamente humana quando sou solidária. É assim que defino para mim mesma o que significa sentir-se chamado a ser plenamente humano.

Auto-Retrato

David Whyte

Pouco importa se existe um só Deus
ou muitos deuses.
Eu quero saber se você se sente integrado ou
abandonado.
Se você conhece o desespero ou se pode vê-lo nos outros.
Quero saber
se você está preparado para viver num mundo
que tem a necessidade implacável
de mudar você. Se você pode olhar para trás
com olhos firmes
dizendo é aqui que fico. Quero saber
se você sabe
fundir-se no fogo ardente de viver
indo em direção
ao âmago do seu anseio. Quero saber
se você está disposto a
viver, dia a dia, com as conseqüências do amor
e com a amarga
paixão indesejada da sua inevitável derrota.

Ouvi dizer que, nesse abraço ardente, os próprios
deuses falam de Deus.

Qual é a minha

fé no futuro?

E se descobrirmos que
o nosso modo de viver atual é
irreconciliável com a nossa vocação
para nos tornarmos plenamente humanos?

Paulo Freire

Qual é a minha fé no futuro?

De onde vem o futuro? É comum o sentimento atual de que o futuro não chega de lugar nenhum. De repente, as coisas parecem estranhas, nós nos comportamos de modo diferente, o mundo não caminha da maneira habitual. Ficamos surpresos quando nos descobrimos nesse novo lugar — ele é desconfortável, e nós não gostamos dele.

O futuro não se forma irracionalmente, embora assim pareça. O futuro vem de onde estamos agora. Ele se materializa a partir das ações, valores e crenças que praticamos neste momento. Criamos o futuro diariamente, com as nossas escolhas. Se queremos um futuro diferente, precisamos assumir a responsabilidade pelo que estamos fazendo no presente.

Tenho fé no futuro porque sei que ele não é um caminho predeterminado que somos obrigados a seguir. Podemos mudar a direção a partir daqui. Precisamos pensar criticamente. Precisamos observar com ponderação o que está acontecendo e decidir o que queremos fazer a respeito. Felizmente, o pensamento crítico é uma habilidade fácil de desenvolver em todas as pessoas. No trabalho de Paulo Freire com pessoas economicamente desfavorecidas, elas se tornaram pensadores hábeis quando perceberam como a leitura e a análise lhes daria os meios para lutar contra a pobreza. As pessoas aprendem rapidamente quando o aprendizado lhes oferece a possibilidade de uma vida melhor.

Noto que, qualquer que seja a situação de vida, muitos de nós perderam a fé no futuro. Quer sejamos economicamente desfavorecidos, quer vivamos em meio a vantagens materiais que parecem não ter sentido, este é o momento de observar se temos esperança no futuro. Existe muito sofrimento no mundo, e ele está aumentando. Embora esses sofrimentos não sejam iguais (não estou comparando uma vida sem sentido com o sofrimento causado pela fome ou pela violência), esta é uma época dolorosa para muitas pessoas. Se compreendemos que o sofrimento é próprio da condição humana, podemos começar a ouvir uns aos outros sobre essa experiência vivida em comum. Isso abriria os nossos corações, o que seria um bom começo.

Às vezes nos defrontamos com a dor do presente e a encaramos com fé cega. Isso se aplica especialmente aos Estados Unidos, onde é comum ouvir afirmações como: "Tenho fé na capacidade humana. Seja qual for o problema, sei que encontraremos uma solução." Essa afirmação pretende demonstrar a fé do interlocutor na humanidade, e inspirar-nos. Mas ela não reconhece que, para muitos problemas graves, a engenhosidade humana já descobriu uma solução. Não nos faltam soluções. O que nos falta é vontade para implementá-las.

Por exemplo, existem alimento e recursos suficientes para prover cada indivíduo deste planeta. O que nos falta é a vontade política de usar e de distribuir esses recursos com eqüidade. O mesmo vale para soluções a muitos problemas ambientais, como o excesso de lixo e a escassez de lugares para depositá-lo. Há empresas próximas do desperdício zero, embora seus processos de industrialização empreguem grandes quantidades de materiais. Há também indústrias que trabalham de comum acordo, de modo que o lixo de uma se torna a matéria-prima da outra (que é o que acontece na natureza).

Não podemos continuar a agir com essa fé cega na capacidade humana. Nossa criatividade já forneceu soluções para problemas críticos. Já sabemos como criar um futuro saudável, a favor da vida, para todos os povos. Temos um problema diferente

estimuladores de conversação

— desenvolver a vontade de agir, uma vez que saibamos o que fazer. A lacuna entre o saber e o fazer só pode ser superada pelo coração humano. Se estivermos dispostos a abrir nossos corações para o que está realmente acontecendo, encontraremos a energia para nos tornarmos novamente ativos. Encontraremos a vontade e a coragem para fazer alguma coisa. Isso se aplica a nós pessoalmente, às nossas comunidades e empresas e aos nossos estados e países.

E é assim que podemos restabelecer a esperança no futuro. É tempo de observar o que está acontecendo, de pensar sobre isso juntos e de escolher o modo de agir. Não podemos continuar rejeitando soluções porque elas pedem que mudemos de comportamento.

Podemos começar conversando sobre como nos sentimos com relação ao que está acontecendo — no mundo ao nosso redor e no mundo todo. Podemos viver uma vida que tenha sentido para nós? Podemos ajudar os outros a viver vidas satisfatórias? Como as nossas necessidades e comportamentos afetam as outras pessoas — as da nossa família natural e as da grande família global?

Se eu não gosto da vida que estou vivendo, preciso pensar por que isso acontece. O que está me impedindo de ser quem eu quero ser? Nossas respostas individuais serão diferentes. Numa nação economicamente próspera, pode ser um empregador que não me ajuda a fazer o que eu considero correto. Num país em desenvolvimento, pode ser a falta de emprego que restringe as minhas possibilidades. Podem ser crenças culturais sobre a mulher ou sobre a juventude que bloqueiam o meu caminho. Alguns de nós são coibidos pelos sistemas sem rosto da opressão; outros são refreados pela falta de coragem pessoal. Não precisamos das mesmas respostas, mas todos precisamos fazer as mesmas perguntas. Se estamos dispostos a fazer as perguntas, podemos começar a mudar as coisas.

O futuro vem de onde estamos agora. O futuro não mudará até que olhemos atentamente para o nosso presente. Temos qualidades humanas suficientes — para pensar e refletir juntos, para nos preocupar uns com os outros, para agir com coragem, para preparar o futuro. São essas grandes qualidades humanas transformadas em ação que me fazem crer no futuro.

estimuladores de conversação

de Conflito Mental
Ben Okri, Nigéria

O que escolheremos?
Concordaremos em descer
Ao caos e à escuridão universais?
Um mundo sem esperança, sem plenitude
Sem ancoradouro, sem luz
Sem possibilidade de conflito mental,
Um mundo que gera assassinos em massa
Vampiros de energia, assassinos em série
Com mentes definhando em anarquia e amoralidade
Com o crime, o estupro e o genocídio como norma?

Ou nos deixaremos simplesmente arrastar
A uma era que insiste na mesma coisa,
Uma era esvaída de significado, sem pudor,
Sem encanto ou arrebatamento,
Apenas o mesmo entretenimento insignificante,
Uma era tediosa e previsível
'Enfadonha, rançosa, cansada e improfícua'

Em que seguimos à deriva
Em que somos levados
Muito entediados e muito passivos para nos preocupar
Com o fato de estranhas realidades levantarem
A cabeça em nossos dias e noites,
Até acordarmos tarde demais para a morte dos nossos
  direitos

Tarde demais para fazer qualquer coisa
Tarde demais para pensar
Sobre o que deixamos que
Tomasse conta das nossas vidas
Enquanto vagávamos num vôo casual
Indiferentes à tempestade ou à luz do sol?

Ou escolhemos transformar
Este tempo num evento de despertar
Num momento de fortalecimento do mundo?
Prometer, em particular, ser mais conscientes
Mais divertidos, mais tolerantes e mais justos
Mais responsáveis, mais ardentes, mais amáveis
Despertar para nossos poderes insuspeitos, mais
    surpreendentes.

Nós nos levantamos ou caímos conforme a escolha que
    fazemos
Tudo depende do caminho que tomamos
E a escolha e o caminho dependem
Da luz que temos, da luz que concentramos,
Da luz que usamos
Ou recusamos
Das mentiras que vivemos
E pelas quais morremos.

estimuladores de conversação

No que acredito com

relação aos outros?

O amor é muito mais exigente
que a lei.

Arcebispo Desmond Tutu

No que acredito com relação aos outros?

Temos uma grande necessidade de contar com a bondade humana. A bondade humana parece um "fato" ultrajante. Nestes tempos de escuridão, deparamo-nos diariamente com evidências cada vez mais sólidas do grande mal que com tanta facilidade causamos uns aos outros. Ficamos estarrecidos diante dos freqüentes genocídios, do ódio racial e dos atos de violência cometidos todos os dias no mundo. Em grupos de autoproteção, aterrorizamo-nos uns aos outros com o nosso ódio. Das duzentas e quarenta e poucas nações do mundo, quase um quarto delas está em guerra.

Na nossa vida cotidiana, encontramos pessoas cheias de ódio, ardilosas, empenhadas apenas em satisfazer as próprias necessidades. Há tanto ódio, desconfiança, cobiça e mesquinhez que estamos perdendo a nossa capacidade de trabalhar bem, juntos. Muitos de nós estamos mais retraídos e desconfiados do que nunca. No entanto, essa incessante demonstração do que existe de pior em nós faz com que seja essencial que confiemos na bondade humana. Sem essa crença um no outro, realmente não há esperança.

Não há nada igual à criatividade humana, à solicitude humana, à vontade humana. Podemos ser incrivelmente generosos, criativos e generosos. Podemos fazer o impossível, aprender e mudar rapidamente, e ter compaixão pelos que sofrem. E esses não são comportamentos que mantemos ocultos. Nós os manifestamos diariamente. Quantas vezes durante o dia você encontra a solução para um problema, inventa uma maneira ligeiramente melhor para fazer alguma coisa ou se dedica a alguém em dificuldade? Muito poucas pessoas passam o dia como robôs atoleimados, executando apenas tarefas repetitivas, sem perceber

estimuladores de conversação

que outros precisam delas. Observe os colegas e vizinhos à sua volta, e você verá outras pessoas agindo exatamente como você — pessoas tentando ser úteis, tentando dar alguma pequena contribuição, tentando ajudar alguém.

Mas, exatamente quando mais precisamos uns dos outros, esquecemos quem somos. E para piorar as coisas, estamos nos tratando mutuamente de modo a trazer à tona o que temos de pior. Alimentamos esses maus comportamentos tratando as pessoas de modo desumano. Tomamos os elementos essenciais que constituem o ser humano — o nosso espírito, a nossa imaginação, a nossa necessidade de sentido e de relações — e os destituímos de toda a sua importância. Achamos mais conveniente tratar os seres humanos como máquinas, peças substituíveis na economia de produção. Organizamos o trabalho e as sociedades em torno de motivações destrutivas — cobiça, egoísmo, competição.

Depois de anos sendo controladas, sendo chamadas de inferiores, e de jogos de poder que destroem vidas, as pessoas estão cansadas, cínicas e só preocupadas em se proteger. Quem não estaria? Essas pessoas negativas e desvalorizadas foram criadas por organizações e governos desumanos. As pessoas não podem ser desconsideradas ou usadas apenas para benefício de outros. Quando a obediência e a submissão são os valores principais, a criatividade, o comprometimento e a generosidade são destruídos. Culturas e gerações se extinguiram por esse tipo de coerção.

Mas a reação das pessoas à coerção nos diz muita coisa sobre o espírito humano. Os horrores do século XX nos mostraram o pior da natureza humana, mas também o melhor. Como você se sente quando ouve histórias sobre os que não cederam, sobre os que ofereceram compaixão aos outros em meio ao horror pessoal, sobre os que continuaram generosos mesmo quando torturados ou presos? Poucos de nós podemos ouvir essas histórias e continuar cínicos. Estamos sedentos por esses relatos — eles nos lembram o que significa ser plenamente humano. Sempre queremos mais dessas histórias. Queremos ser lembrados de que a bondade humana existe.

Uma das minhas histórias preferidas foi contada ao nosso grupo que visitava a Ilha Robben, na África do Sul, onde Nelson Mandela e muitos outros ficaram presos durante mais de vinte e cinco anos, devido à luta pelo final do apartheid. A história deles, como prisioneiros na Ilha Robben, contém muitos relatos da vitória do espírito humano sobre a tortura e a opressão desumana. Minha história predileta ganha destaque porque é insólita.

Estávamos de pé numa sala comprida e estreita que havia sido usada como cela para centenas de militantes da liberdade. Eles viviam amontoados nessa sala nua — sem catres nem qualquer móvel, apenas paredes e pisos de cimento, com janelas estreitas perto do teto. Ficamos ali ouvindo a história do nosso guia. Ele havia sido prisioneiro exatamente nessa sala. O frio subia pelo piso e penetrava nos nossos pés enquanto examinávamos a cela sem vida. Olhávamos pelas barras da porta enquanto ele descrevia as ameaças constantes e a brutalidade insana que todos haviam sofrido. Então ele se calou, com o olhar perdido ao longo da sala. Falando calmamente, disse: "Às vezes, para passar o tempo, uns ensinavam os outros a dançar."

Nunca esqueci essa imagem, uma imagem de homens degradados e fatigados ensinando dança um ao outro no silêncio frio de uma comprida cela de prisão. Somente o espírito humano é capaz de dançar assim.

Pedir para observar se acreditamos na bondade humana não é uma questão filosófica. Nós nos afastaremos ou nos aproxima-

estimuladores de conversação

remos mais, dependendo do que acreditarmos uns com relação aos outros. Ações corajosas não são praticadas por pessoas que acreditam na maldade humana. Por que arriscar alguma coisa se não acreditamos uns nos outros? Por que defender alguém se não acreditamos que ele merece ser salvo? Quem eu penso que você é determinará o que eu estou disposta a fazer em seu benefício. Se acredito que você não é tão bom ou tão importante como eu, nem vou percebê-lo.

A opressão nunca ocorre entre pessoas iguais. A tirania começa com a crença de que algumas pessoas são mais humanas do que outras. Não há outro modo de justificar o tratamento desumano, senão supondo que a dor infligida ao oprimido não é igual à nossa. Vi isso claramente na África do Sul, depois do apartheid, e durante as audiências da Comissão da Verdade e da Reconciliação. Durante essas audiências, sul-africanos brancos ouviam mães negras lamentando a perda dos seus filhos para a violência, viúvas chorando por seus maridos torturados, jovens negras consternando-se pelos filhos que haviam abandonado quando foram trabalhar para famílias brancas. Quando o sofrimento dessas mulheres e desses homens se tornou público, muitos sul-africanos brancos viram pela primeira vez os sul-africanos negros como igualmente humanos. Durante os anos do apartheid (consciente ou inconscientemente), eles haviam justificado o tratamento dado aos negros supondo que o sofrimento dos negros não era igual ao dos brancos. Eles achavam que os negros não eram plenamente humanos.

O que ganhamos quando nos vemos uns aos outros como plenamente humanos? Essa é uma questão importante enquanto procuramos superar estes tempos difíceis. Precisamos uns dos outros mais do que nunca. Precisamos da criatividade, da atenção e da generosidade de todos para encontrar uma saída. Podemos ajudar-nos uns aos outros acreditando que também os outros são totalmente humanos. E então podemos convidá-los a prosseguir com a bondade de cada um.

Um futuro cheio de esperanças é possível. Não podemos chegar lá sozinhos, não podemos chegar lá sem os outros, e não podemos criar esse futuro sem confiar, como nunca antes, na nossa fundamental e preciosa bondade humana.

Estrelas

Margaret Wheatley

Em lugares onde o ar ainda oferece claridade,
as estrelas entoam um canto de sereia do espaço
na noite brilhante.

Deitados na terra fofa,
levados ao céu pelo anseio,
os humanos respondem às estrelas
com perguntas. Por que o Universo
é tão vasto? Por que somos tão pequenos?

Pergunta e resposta através da noite.

Durante toda a minha vida enviei
essas perguntas para o espaço. E
fiquei esperando as respostas.

Então o céu acorda e o canto das estrelas se dissipa.
Os seres humanos esquecem o mistério
e seguem vivendo.
Mas as estrelas, as estrelas
continuam chamando. Sem resposta.

Por que recorremos às
estrelas com ciência e insignificância?

Na primeira noite estrelada,
encontrem o ar claro e perguntem outra vez.
Humanos, perguntem de novo. Quem somos?
Qual é o nosso lugar no mistério?

Talvez vocês ouçam o que eu
ouvi, uma canção de brilho
interior.

Pois as estrelas
as estrelas estão chamando

dizendo que precisamos
ir ao encontro do outro
ir ao encontro do outro e ver
finalmente ver
as estrelas em toda parte.

observação:
Numa noite de céu limpo, para cada estrela que vemos,
há mais 50 milhões atrás dela.

estimuladores de conversação

O que estou disposto a observar

no meu mundo?

A que devo a ventura de ter um
coração despertado para os outros
e para o seu sofrimento?

Pema Chödrön

O que estou disposto a observar no meu mundo?

Durante o inverno de 2001, eu estava na Inglaterra logo depois de um terremoto devastador na Índia. Diariamente, a BBC transmitia fotos e descrições de sofrimento indizível, com entrevistas realizadas com indianos residentes em Londres cujas famílias viviam nas áreas mais afetadas pelo tremor. Era uma experiência pungente, dia após dia, ouvir as histórias e ver as imagens de horror. Na ocasião, tive oportunidade de jantar com um líder espiritual cuja compaixão já o havia levado à Índia muitas vezes para fundar orfanatos e escolas. Esses orfanatos eram diferentes dos tradicionais — eram grupos de casas onde as crianças cresciam e se desenvolviam como comunidade. Fiquei impressionada com o enorme zelo desse líder por esses cuidados e com o seu profundo amor pelo povo indiano.

Entretanto, quando comecei a falar sobre o terremoto, fiquei surpresa com o que ele respondeu: "Não posso lidar com isso, e nem mesmo pensar sobre isso. É apenas mais uma devastação nefasta que acomete um país do terceiro mundo." Não fiquei chocada pelo sentimento, mas pelas palavras que vinham dele. Como ele podia trabalhar tão ativamente pela Índia e, ao mesmo tempo, retrair-se diante de tanto sofrimento?

Não o conheço tão bem para fazer-lhe essa pergunta, mas o fato desperta uma questão crucial em mim. O que acontece conosco enquanto continuamos a ser bombardeados por tanto sofrimento humano? Qual é a nossa estratégia, consciente ou não, para enfrentar essa situação? Eu sinto que está aumentando o número de pessoas que estão se fechando em si mesmas. Não temos outra maneira de lidar com os rostos obsedantes e com as horrendas imagens que aparecem com tanta freqüência nos jornais e na televisão. Nós desviamos os olhos e procuramos prosseguir com nossas vidas. Ou, se o sofrimento está perto de nós, irritamo-nos e esbravejamos.

Muitas vezes virei as costas para a aflição e a dor dos outros. Também vi esse comportamento em muitas outras pessoas. Não sabemos como resolver a situação ou eliminar a dor. Não há nada que possamos fazer para ajudar; por isso fugimos na direção oposta, desligamos a televisão, tiramos os olhos das imagens, paramos de falar com nossos amigos desolados. Essas atitudes não ajudam a ninguém, nem a nós mesmos. É impossível isolar o mundo. Temos mais consciência do que nunca do que está acontecendo, e não há como mudar isso. Por mais que tentemos fechar a porta para as pessoas, nunca perdemos realmente a consciência do seu sofrimento. Ainda assim, o mundo entra em nós e nos corrói.

A ironia é que nós queremos ajudar, mas nos sentimos impotentes, e por isso deixamos de lado a única coisa que de fato ajuda: o nosso companheirismo. Se você já passou por algum sofrimento, você sabe como é confortador o simples fato de ter amigos ao seu lado, sem dizer palavra, sem esperar nada de você. Eles não precisam fazer absolutamente nada; apenas ficar ali, ser testemunhas da sua perda e da sua tristeza.

Alguns anos atrás fui introduzida à prática de "ser testemunha". Não se trata de um ritual religioso, mas da simples prática de ter coragem suficiente para permanecer junto ao sofrimento humano, aceitá-lo pelo que ele é, não fugir dele. Ela não afasta o sofrimento, mas às vezes transforma a experiência da dor e da tristeza. Quando sou testemunha, vou ao encontro do outro e fico à disposição dele, deixando a experiência dele entrar no meu coração. Passo a fazer parte do quadro dispondo-me a abrir-me à experiência do outro, e não desviando o olhar.

estimuladores de conversação

Estamos vivendo numa época em que a tristeza humana aumenta cada vez mais. A pobreza ainda é enorme, a fome cresce, as doenças assolam muitos países. Há mais guerras, mais pessoas procurando abrigo em acampamentos de refugiados. Mais pessoas arruinadas por desastres naturais de escassez, enchentes, tempestades e terremotos.

Como reagir a tanto sofrimento é escolha nossa. Podemos sentir-nos desanimados e derrotados por esse mundo; podemos fugir e simplesmente viver do melhor modo possível. Ou podemos aprender a ser testemunhas. Não podemos mudar a experiência humana, mas podemos ir ao encontro, e não fugir, daqueles que lutam. Às vezes destaco nos jornais a fotografia de uma tragédia recente — uma mãe num campo de refugiados, uma criança na guerra, uma família escondida num abrigo — e fico olhando para ela, fazendo contato, procurando manter aberto o meu coração. Essa é uma maneira simples de participar da experiência das pessoas envolvidas. Não posso fazer muito para ajudar, mas posso pelo menos unir-me a elas com os olhos, ser testemunha da tristeza que vivem. Não faço isso para me sentir melhor. Faço isso para impedir-me de me esconder da realidade vivida por outras pessoas.

Tentei outras formas de ser testemunha, como por exemplo ouvir pacientemente alguém que eu preferiria evitar; ou ler conscientemente histórias de tragédias, torturas, massacres — em vez de trocar de canal ou virar a página da revista. Esses horrores eram demais para mim, e eu não conseguia suportá-los. Mas agora estou aprendendo a ler até o fim, lembrando a mim mesma que tenho um papel nesse episódio. Se as pessoas sobreviveram a atrocidades assim, eu as reverencio lendo as experiências por que passaram. Elas as viveram; o mínimo que posso fazer é ler sobre elas.

Se o mundo estivesse seguindo num movimento tranqüilo, se a vida estivesse se tornando mais fácil, pouco importaria o caminho que tomássemos. Mas quase todos sentimos que o mundo está se deteriorando, sem esperanças de que melhore tão cedo. Como esta é uma época muito difícil para tantos, precisamos de uma maneira melhor para conviver com as tribulações e as catástrofes.

Podemos evitá-las ou podemos ir ao encontro delas. Essas são as duas únicas escolhas que temos.

Oração para as Crianças

Ina J. Hughes
(professora americana)
adaptação de James Steyer

Oramos pelas crianças
   que furtam picolés antes do jantar
   que rasuram o caderno de matemática
   que fazem birra no supermercado e pirraça com
     a comida,
   que gostam de histórias de fantasmas,
   que nunca conseguem achar os sapatos.

E oramos por aquelas
   que olham os fotógrafos por trás do arame farpado,
   que não podem correr pela rua com tênis novos,
   que nascem em lugares onde nem mortos entraríamos,
   que nunca vão ao circo,
   que vivem num mundo promíscuo e violento.

Oramos pelas crianças
   que dormem com o cachorro e escondem o peixinho
     dourado,
   que nos dão beijos lambuzados e punhados de
     dentes-de-leão,
   que são visitadas pelo ratinho do dente,
   que nos abraçam com pressa e esquecem o
     dinheiro do lanche.

E oramos por aquelas
   que nunca têm sobremesa,
   que não têm um cobertor que possam arrastar,

que vêem seus pais vendo-as morrer,
que não encontram pão para roubar,
que não têm quartos para limpar,
cujas fotografias não estão na penteadeira de ninguém,
cujos monstros são reais.

Oramos pelas crianças
que gastam toda a mesada antes da terça-feira,
que jogam a roupa suja embaixo da cama e nunca
dão descarga,
que não gostam de ser beijadas antes de entrar no
ônibus escolar,
que não param quietas na igreja ou no templo e
gritam no telefone,
cujas lágrimas às vezes nos fazem rir e
cujos sorrisos podem nos levar ao choro.

E oramos por aquelas
cujos pesadelos acontecem de dia,
que não comerão nada,
que nunca viram um dentista,
que não são acariciadas por ninguém,
que vão para a cama com fome e choram até dormir,
que vivem e se movimentam, mas não são pessoas.

Oramos pelas crianças que querem ser carregadas,
e por aquelas que precisam sê-lo,
por aquelas que nunca abandonamos e
por aquelas que não têm uma segunda oportunidade,
por aquelas que asfixiamos...
e por aquelas que agarram a mão de quem for
suficientemente bom para oferecê-la.

estimuladores de conversação

Quando eu sou um bom ouvinte?

É assim que os shonas, do Zimbábue,
se cumprimentam.

"Marare hare?"
Você dormiu?

"Ndarare kana mararawo."
Eu dormi bem se você dormiu bem.

"Ndarare."
Eu dormi.

"Makadii?"
Como você está?

"Ndiripo Makadiwo."
Eu estou aqui se você está aqui.

"Ndiripo."
Eu estou aqui.

Quando eu sou um bom ouvinte?

Um dos mais simples atos humanos é também o mais curativo. Ouvir alguém. Simplesmente ouvir. Não aconselhar nem orientar, mas ouvir silenciosamente, totalmente.

Seja qual for a vida que tenhamos vivido, se pudermos contar a nossa história para alguém, ficará mais fácil lidar com as nossas circunstâncias. Vi tantas vezes o grande poder de cura do saber ouvir que fico imaginando se você também se deu conta disso. Deve ter havido uma ocasião em que um amigo lhe contou uma história muito triste, a ponto de emudecê-lo. Você não conseguia pensar em nada para dizer, e então apenas ficou ali, ouvindo com toda a atenção, sem dizer uma palavra. E qual foi o resultado do seu silêncio solidário, do seu ouvir?

Uma jovem sul-africana negra ensinou a alguns amigos meus o poder de cura do simples ato de ouvir o que o outro tem a dizer. Ela fazia parte de um grupo de mulheres oriundas de muitas nações, onde cada uma teve a oportunidade de contar uma história da sua vida. Quando chegou a vez dela, ela começou lentamente a contar uma história de verdadeiro horror — de como havia encontrado os avós assassinados na vila onde moravam. Muitas das mulheres do círculo eram ocidentais, e diante de tanto sofrimento elas, instintivamente, queriam fazer alguma coisa. Queriam consolá-la, animá-la, fazer qualquer coisa que dissipasse a dor da tragédia de uma vida tão jovem. A mulher sentiu a compaixão delas, mas também sentiu que a sufocavam. Afastou-as com um gesto das mãos e disse: "Não preciso que me consolem, apenas que me escutem."

Naquele dia, ela ensinou a muitas mulheres que é suficiente sermos ouvidos. Se podemos contar a nossa história, e sabemos que outros a ouvem, esse simples fato de algum modo nos revigora. Durante as audiências da Comissão da Verdade e da Reconciliação na África do Sul, muitos dos que testemunharam contra as atrocidades que suportaram durante o apartheid falaram da recuperação que tiveram depois do depoimento. Eles sabiam que muitas pessoas estavam ouvindo as suas histórias. Um jovem que ficou cego quando um policial o atingiu com um tiro à queima-roupa disse: "Acredito que... o que me devolveu a visão foi vir aqui e contar a história. O que me deixou doente todo esse tempo foi que eu não pude contar a minha história. Mas agora... é como se eu tivesse recuperado a visão vindo aqui e contando-lhes a história."

Por que ser ouvido tem tanto poder de cura? Eu não sei qual é a resposta completa a essa pergunta, mas sei que tem algo a ver com o fato de que ouvir cria uma relação. A ciência nos ensina que nada no universo existe como uma entidade isolada ou independente. Tudo toma forma a partir de relações, quer se trate de partículas subatômicas compartilhando energia ou de ecossistemas compartilhando alimento. Na teia da vida, nada que é vivo vive sozinho.

Nossa condição natural é estar juntos. Embora continuemos nos afastando uns dos outros, não perdemos a necessidade de manter relações. Todos têm uma história, e todos querem contá-la para se relacionar. Se ninguém ouve, nós a contamos a nós mesmos, e então ficamos loucos. Em inglês, a palavra *health (saúde)* deriva da mesma raiz de *whole (todo)*. Não podemos ter saúde se não nos relacionamos. E *whole* tem a mesma raiz de *holy (santo)*.

Ouvir nos aproxima, nos torna mais íntegros, mais saudáveis, mais santos. Não ouvir cria fragmentação, e a fragmentação sempre causa sofrimento. Quantos adolescentes atualmente, em muitos países, se queixam de que ninguém os ouve? Eles se sentem ignorados e marginalizados, e em sua angústia juntam-se a outros para criar suas próprias subculturas. Ouvi dois grandes professores, Malidoma Somé, de Burkino Fasso, África Ocidental, e Parker Palmer, dos Estados Unidos, fazerem este comentário: "Pode-se dizer que uma cultura está em crise quando os mais velhos atravessam a rua para evitar encontrar-se com os mais jovens." É impossível criar uma cultura saudável se nos recusamos a nos encontrar, se nos recusamos a ouvir. Mas, se nos encontramos, e quando ouvimos, recriamos o mundo na sua totalidade. E santidade.

A era atual é muito barulhenta. Eu acho que a intensidade da voz tem relação direta com a nossa necessidade de ser ouvidos. Em lugares públicos, nos meios de comunicação, premiamos os mais barulhentos e os mais agressivos. As pessoas estão literalmente clamando por atenção, e farão o que for preciso para serem percebidas. As coisas ficarão sempre mais estridentes até descobrirmos um modo de parar e ouvir. A maioria ficará feliz com as coisas se aquietando. Para começar, podemos fazer a nossa parte baixando o volume com a nossa disponibilidade para ouvir.

Uma professora me contou como, certo dia, um aluno de dezesseis anos perdeu o controle, pondo-se a gritar com muita raiva e ameaçando-a verbalmente. Ela poderia ter chamado as autoridades — havia leis que a protegiam contra esse tipo de abuso. Em vez disso, ela sentou-se calmamente e pediu ao aluno que falasse com ela. Ele precisou de algum tempo para se acalmar; estava muito agitado e não parava de caminhar pela sala. Mas, finalmente, aquietou-se, aproximou-se da professora e começou a falar sobre a sua vida. Ela só ficou ouvindo. Fazia muito tempo que ninguém o ouvia. O silêncio solidário da professora lhe deu espaço para que ele visse a si mesmo, e se ouvisse. Ela não o aconselhou. Ela não podia resolver a vida dele, e nem devia. Ele mesmo poderia fazer isso, porque ela o ouvira.

Agrada-me muito esta passagem bíblica: "Onde houver dois ou mais reunidos, eu estarei no meio deles." Para mim, ela descreve a santidade dos momentos em que realmente ouvimos. A saúde, a plenitude, a santidade de um nova relação se formando. Tenho a camiseta de uma conferência que diz: "Não se pode odiar uma pessoa cuja história se conhece." Você não precisa gostar da história, ou mesmo da pessoa que conta a história. Mas ouvir cria um relacionamento. Nós nos aproximamos um do outro.

estimuladores de conversação

Perfeita

Margaret Wheatley

Durante muitos e muitos anos
Eu quis ser perfeita,
Aperfeiçoando minhas buscas
Barganhei tudo por amor.

Durante todos esses anos
Fiz máscaras para tudo o que eu fiz,
Perseguindo a perfeição,
descobri que era perseguida.

E então
um dia
eu caí
estatelada
achatada
perdida

no solo fértil do Eu.

Nua na lama
sem máscaras
sem barganhas
ergui meu rosto enlameado
e ali
estava você.

Debati-me para levantar.

A lama do meu corpo
Turvou os seus olhos.
Sua mão se estendeu
para mim.
Cega,
sua
mão
me
alcançou.

Há, em cada um de nós, um lugar de pura perfeição.
Nós descobrimos juntos a sua geografia.

Estou disposto a reservar

tempo para pensar?

Sente-se e acalme-se.
Você está bêbado, e esta é a
beira do telhado.

Rumi

Estou disposto a reservar tempo para pensar?

Como espécie, nós, humanos, temos algumas capacidades únicas. Podemos nos distanciar dos acontecimentos, pensar sobre eles, questioná-los, imaginá-los diferentes. Também somos curiosos. Queremos saber "por quê?" Imaginamos "como?" Pensamos sobre o que passou, sonhamos com o futuro. Criamos o que queremos, em vez de simplesmente aceitar o que temos. Até aqui, somos a única espécie conhecida que faz isso.

À medida que o mundo acelera, vamos perdendo essas capacidades humanas maravilhosas. Hoje você dispõe de tanto tempo para pensar quanto dispunha um ano atrás? Quando foi a última vez que você passou algum tempo refletindo sobre algo importante para você? No trabalho, você tem hoje mais ou menos tempo para pensar sobre o que faz? Você é incentivado a passar algum tempo pensando com amigos e colegas, ou refletindo sobre o que está aprendendo?

Se parássemos por um momento e víssemos o que perdemos por viver correndo, não posso imaginar que continuaríamos com essa barganha. Estamos sendo espoliados justamente das coisas que nos tornam humanos. Nossa estrada para o inferno está sendo pavimentada com intenções precipitadas. Espero que possamos perceber o que estamos perdendo — na nossa vida diária, na nossa comunidade, no nosso mundo. Espero que sejamos suficientemente corajosos para desacelerar as coisas.

Mas eu não espero que alguém nos dê tempo para pensar. Nós mesmos temos de tomar essa providência.

O pensamento é o lugar onde começa a ação inteligente. Detemo-nos o necessário para observar a situação com mais cuidado, perceber melhor as suas características, refletir sobre as possíveis razões que a criaram, observar como ela está afetando a nós e aos outros. Paulo Freire ensinou o pensamento crítico como um enfoque não-violento à mudança revolucionária. Ele ensinou as pessoas pobres a pensarem sobre as suas vidas e sobre as forças que as empobreciam. Ninguém acreditava que pessoas pobres, exaustas e lutadoras poderiam se tornar pensadores inteligentes. Mas é fácil as pessoas desenvolverem essa capacidade quando elas vêem como pensar pode salvar a vida delas e as das pessoas que elas amam.

Nossas vidas não são tão desesperadoras quanto as desses pobres, e podemos não perceber que estamos perdendo a possibilidade de uma vida plenamente humana. Para ver se você está perdendo alguma coisa de valor, faça a você mesmo as seguintes perguntas: Minhas relações com as pessoas que amo estão melhorando ou piorando? Minha curiosidade sobre o mundo está aumentando ou diminuindo? Sinto mais ou menos energia para o trabalho do que alguns anos atrás? As coisas que me aborrecem hoje são diferentes das que me irritavam no passado? Dos meus comportamentos, quais me agradam e quais me desagradam? Em geral, sinto-me mais tranqüilo ou mais estressado?

Se as respostas a essas perguntas o ajudarem a perceber alguma coisa que você gostaria de mudar, será necessário encontrar algum tempo para pensar sobre isso. Mas não espere que alguém lhe dê esse tempo. Você mesmo terá de resolver essa questão.

Ninguém lhe concederá esse tempo, porque pensar é sempre perigoso para o *status quo*. Os que se beneficiam com o sistema atual não têm interesse em novas idéias. Na verdade, pensar é uma ameaça para eles. No momento em que começarmos a pensar, vamos querer mudar alguma coisa. Perturbaremos a situação em cur-

estimuladores de conversação

so. Não podemos esperar que os poucos privilegiados pela realidade atual nos dêem tempo para pensar. Se queremos que alguma coisa mude, nós mesmos precisamos reservar tempo para isso.

Pensar não é ser passivo. Quando podemos pensar e observar o que está acontecendo, desenvolvemos idéias que, esperamos, irão melhorar as nossas vidas. Logo que descobrimos algo que pode dar resultado, agimos. Quando as idéias significam algo para nós, a distância entre o pensar e o agir deixa de existir. As pessoas não hesitam em dar a arrancada. Elas não ficam imaginando os riscos ou esperando que alguém chegue e apresente uma estratégia de implementação. Elas simplesmente começam a fazer. Se a ação não dá resultado, elas tentam alguma coisa diferente.

Isso pode parecer-lhe estranho, porque muitos de nós lidam com governos e organizações que não podem realizar nada. Isso se aplica a todas as burocracias — há um enorme fosso entre idéias e ações. Mas isso acontece porque as pessoas não se importam com essas idéias. Elas não as inventaram; eles sabem que, na realidade, elas não mudarão nada e não querem assumir riscos por algo em que não acreditam. Mas quando a idéia é nossa, e pode efetivamente beneficiar nossas vidas, agimos imediatamente.

Determinação, coragem, perspicácia e loucura aparecem simultaneamente quando nos importamos profundamente com alguma coisa. Bernice Johnson Reagon, cantora e compositora de grande talento, descreveu com estas palavras os atos de coragem praticados por ela e por outros militantes durante o Movimento dos Direitos Civis: "Hoje eu paro e penso sobre algumas coisas que fizemos, e digo, 'O que, pelos céus, se apossou de nós?' Mas a morte não tinha nada a ver com o que fazíamos. Se alguém atirasse, nós morreríamos. E quando as pessoas morriam, nós chorávamos e as enterrávamos. E continuávamos a fazer o mesmo no dia imediato, porque na verdade isso estava além da vida e da morte. Era realmente como às vezes nós sabemos o que temos de fazer. E quando você sabe o que tem de fazer, o trabalho dos outros é matar você."

Em geral, não precisamos expor-nos à morte diariamente, mas podemos estar morrendo uma morte lenta. Se sentimos que estamos mudando de um jeito que nos desagrada, ou vendo no mundo coisas que nos deixam pesarosos, então precisamos de tempo para pensar sobre isso. Precisamos de tempo para pensar sobre o que podemos fazer e sobre onde podemos começar a mudar as coisas. Precisamos de tempo para desenvolver lucidez e coragem. Se queremos um mundo diferente, nossa primeira decisão tem de ser a de reservar tempo para pensar. Nada mudará para melhor até que façamos isso.

estimuladores de conversação

de Guardando Silêncio

Pablo Neruda

Se não fôssemos tão limitados
sobre manter nossas vidas em movimento,
e por uma só vez não fizéssemos nada,
talvez um enorme silêncio
interrompesse essa tristeza
de nunca nos compreendermos
e de nos ameaçarmos com a morte.

Como eu quero me relacionar

com a terra?

A história do século XX propôs-se a descobrir
até que ponto éramos grandes
e poderosos. Pelo que tudo indica,
somos grandes e poderosos. A história
do século XXI vai tentar descobrir se
podemos encontrar formas de nos
tornar menores. Ver se podemos
empenhar a vontade, e em seguida
o modo, de nos tornar um pouco
menores e de voltar a ajustar-nos
a este planeta.

Bill McKibben

Como eu quero me relacionar com a terra?

As outras espécies não enfrentam o mesmo desafio que nós, seres humanos. Elas se integram com o meio ambiente, observam, reagem. Nós, ao contrário, sonhamos, planejamos, calculamos as coisas. Por termos consciência, criamos o nosso próprio conjunto de regras, em vez de nos submeter às leis da natureza que governam a vida como um todo. Usamos a consciência para testar e subjugar o mundo aos nossos próprios objetivos. Desde que a ciência ocidental assumiu o controle, há três séculos, estamos tentando ignorar os processos da vida, em vez de respeitá-los. A consciência nos tem impedido de manter parceria com a terra. Agimos mais como deuses do que como bons vizinhos.

São muitas as evidências científicas bem documentadas de que estamos vivendo numa era de destruição sem precedentes de espécies, hábitats e recursos naturais. Muitos cientistas se referem a este período como a sexta grande extinção. Durante os seus quatro a cinco bilhões de anos de existência, a terra passou por cinco extinções maciças. Ciclos de destruição são naturais à vida. Mas a destruição atual é diferente. É algo que nós, seres humanos, criamos, e não tem absolutamente nenhuma característica natural. E a criamos usando as nossas próprias regras, desprezando as leis da natureza.

Em vez de respeitar o princípio da natureza do não-desperdício (o excedente de uma espécie é sempre o alimento de outra), resolvemos que podíamos acumular imensas quantidades de lixo. Ignoramos o princípio vital do crescimento controlado, pelo qual o crescimento é proporcional aos recursos disponíveis, substituindo-o pela falácia do "quanto mais crescimento, melhor". Ignoramos a natureza cíclica da vida, onde a decomposição é o elemento mais essencial num sistema saudável e, em seu lugar, pretendemos que poderíamos melhorar sempre, nunca descansando, nunca adoecendo, esperando evitar a própria morte. Ignoramos o modo de organização da vida em sistemas pequenos, locais, em que é melhor ser pequeno, e em vez disso nos orgulhamos por construir coisas cada vez maiores, criando aglomerações urbanas e organizações gigantescas, ingovernáveis, dadas as suas dimensões.

Há um princípio na ecologia segundo o qual a natureza sempre tem a última palavra. E é isso que está acontecendo atualmente. Acreditávamos que os resíduos podiam simplesmente se acumular, mas o ar poluído e a água contaminada estão nos ensinando que isso não é verdade. Acreditávamos que podíamos crescer tanto quanto havíamos sonhado, mas a natureza ingovernável de organizações gigantescas e as vidas devastadas dos que vivem em megacidades estão nos passando a lição de que isso é mentira. Investimos em ciência para adaptar a vida às nossas conveniências, esperando poder vencer a própria morte, mas pandemias assustadoras e novas doenças estão nos mostrando que a vida é uma teia de interconexões e que a morte faz parte da vida.

Estamos vivendo numa época em que a natureza oferece lições diárias segundo as quais, enquanto estivermos na terra, é impossível viver na contramão das leis e dos processos fundamentais da vida. A natureza sempre tem a última palavra. Mas, até agora, a nossa rebeldia só serviu para criar uma confusão inqualificável.

E. O. Wilson, um dos grandes biólogos do mundo, expressa de maneira simples a relação que nós, humanos, temos com a terra: "Se toda a humanidade desaparecesse, todos os outros seres vivos (exceto os animais de estimação e as plantas domésticas)

estimuladores de conversação

se beneficiariam enormemente." Florestas se recuperariam, espécies em extinção aos poucos reviveriam e, de modo geral, toda a vida daria um suspiro de alívio por termos desaparecido. Entretanto, se qualquer outra espécie importante desaparecesse, as formigas, por exemplo, os resultados seriam "grandes extinções de outras espécies e, provavelmente, colapso parcial de alguns ecossistemas". Toda a terra sofreria se perdesse qualquer outra espécie, menos a humana.

Um dos maiores defeitos da nossa visão da vida é a crença ocidental de que a competição cria sistemas fortes e saudáveis. As telas dos televisores estão repletas de imagens de animais engastalhando os chifres em lutas ou estraçalhando a presa. É verdade que em qualquer sistema vivo existem predadores e presa, morte e destruição. Mas a competição entre indivíduos e espécies não é o modo dominante de funcionamento da vida. É sempre a cooperação que aumenta ao longo do tempo num sistema vivo. A vida se torna mais forte e capaz com sistemas de colaboração e de participação, e não através da competição.

Recebemos poucas informações sobre o que acontece com predadores ferozes, mas essa é uma história que precisamos conhecer. Quando surge um novo predador num ecossistema, ele age vorazmente, consumindo muito mais do que a sua parte dos recursos disponíveis. Sua avidez perturba o equilíbrio do sistema. Muitas espécies locais morrem porque o seu hábitat é destruído. Mas depois de algum tempo, o sistema se recompõe. Ou a espécie predatória desaparece por ter destruído o seu alimento e o seu ambiente, ou abranda-se, aprende as regras da boa vizinhança e consome menos recursos. Outras espécies locais voltam a se desenvolver. Um ecossistema saudável é sempre composto de muitas espécies diferentes que convivem numa rede de cooperação.

Cada membro da rede se alimenta de uma parte específica da cadeia alimentar, e deixa o resto para as outras.

Hoje, muitos de nós esquecemos que vivemos numa teia de vida. Entretanto, o conhecimento da nossa função específica tem sido preservado e ensinado por muitos povos indígenas. Esses ensinamentos tradicionais podem nos ajudar a lembrar que, nessa teia, somos acolhidos como membros da família, não como consumidores vorazes.

Esquecemos também que cada espécie é essencial à teia como um todo. Acreditamos que podemos destruir as espécies que nos ameaçam ou molestam e que isso não prejudicará outras partes da teia. Ainda nos surpreendemos quando os esforços para eliminar uma peste acabam transformando terrenos férteis em argila ou deserto, destruindo pássaros, sapos e milhares de espécies no solo, no ar e na água. Não eliminamos apenas a peste; também destruímos todas as espécies que são essenciais a um solo saudável.

A vida continuará a nos ensinar que não podemos criar nossas próprias regras. Existe uma única forma de gerir este planeta, e a vida está dando demonstrações inequívocas disso neste exato momento, insistindo que precisamos aprender a lição. Estamos passando por mudanças climáticas dramáticas e assustadoras em todo o planeta; enchentes destrutivas, mais desertos e solo estéril, novas doenças e pandemias. Não podemos continuar fingindo que o nosso moderno estilo de relacionamento com a vida está trazendo resultados positivos.

Precisamos aprender a ser bons vizinhos. Acredito que a maneira mais fácil de nos tornarmos parceiros da vida é sair ao ar livre, entrar em contato com a natureza e deixar que ela nos ensine. Metade da população não tem mais essa opção, pois vive em

estimuladores de conversação

grandes cidades, respirando ar poluído, incapaz de ver as estrelas, desconhecendo a paz e a quietude. Lamento por aqueles que não podem conhecer a sensação produzida por lugares bucólicos, pelo som de um regato, pela sombra de um bosque. Mas, para aqueles de nós que ainda dispomos da natureza, é ainda mais importante sair para o ar livre. Precisamos sentir a energia e a beleza da vida em nome de todos os seres humanos que não podem mais fazer isso pessoalmente.

Em nome dos que não podem, precisamos sentir a força de uma tempestade no nosso rosto, a fúria do vento, os ciclos de destruição e criação que acontecem incessantemente. Precisamos ver a luz do sol por entre plantas aquáticas, contemplar o pôr-do-sol, descansar debaixo de uma árvore, encantar-nos com as estrelas em noites escuras. Se pudermos fazer essas coisas, voltaremos a nos apaixonar pela vida. Encararemos com seriedade a necessidade de conservar a vida, em vez de destruí-la. E o nosso compromisso ajudará a todos os que não fazem a mínima idéia do que estão perdendo.

Mesmo Charles Darwin, que interpretou a evolução da vida como um campo de batalha de competição, morte e luta pela sobrevivência, tinha sensações paradoxais quando estava ao ar livre, nos "campos sorridentes". Ele podia sentir a paz e a harmonia desses campos, embora a sua obra descrevesse cenas de guerra. Em seu diário, ele escreveu: "É difícil acreditar na guerra pavorosa, mas silenciosa, dos seres orgânicos, que acontece na quietude das florestas e nos campos sorridentes."

Se passássemos mais tempo ao ar livre, deixando a vida ensinar-nos, sei que mudaríamos a nossa relação com a terra. Relembraríamos a sensação de fazer parte da vida, em vez de tentar brincar de deuses com ela. Compreenderíamos os sentimentos de Fiona Mitchell, universitária inglesa de vinte e dois anos, que se surpreendeu tornando-se uma ativista ecológica:

> Adoro ser capaz de apenas seguir com a minha vida, desfrutando-a e fazendo as coisas que eu quero... E é realmente desagradável não se poder viver porque o planeta está sendo destruído. Mas eu, pessoalmente, não posso simplesmente ignorar isso, porque ele é parte de mim. É parte de todos nós. Acho que muitas pessoas não percebem a relação entre as coisas, as conexões que interligam tudo. Precisamos cuidar de tudo, porque tudo é parte da mesma coisa.

Não se assuste
se uma tristeza
surgir à sua frente,
maior do que qualquer outra já vista;
se uma ansiedade,
como luz e sombras de nuvens,
passar sobre as suas mãos e sobre
tudo o que você faz.
Você precisa compreender que algo está
acontecendo com você,
que a vida não o esqueceu,
que ela o segura nas mãos
e não o deixará cair.

Rainer Maria Rilke

Qual é a minha contribuição

pessoal para o todo?

Somos diferentes para termos
condições de conhecer as necessidades
uns dos outros, pois afinal ninguém
é auto-suficiente. Uma pessoa totalmente
auto-suficiente não seria humana.

Arcebispo Desmond Tutu

Se D-s nos quisesse iguais,
nos teria criado iguais.

Alcorão

Qual é a minha contribuição pessoal para o todo?

A maioria das tradições culturais tem uma história para explicar por que a vida humana é tão difícil, por que há tanto sofrimento na terra. A história é sempre a mesma — em determinado momento, nos primórdios da nossa origem humana, esquecemos que estávamos todos interligados. Rompemos os laços, distanciamonos uns dos outros. E, inclusive, nos fragmentamos interiormente, separando coração, cabeça e espírito. Essas histórias sempre nos ensinam que a recomposição só acontecerá se nos lembrarmos da nossa unidade primordial e juntarmos os fragmentos.

Se o problema é a fragmentação e a separação, como é possível que a nossa singularidade possa levar-nos novamente à união? Parece que em toda parte usamos a diversidade para nos separar ainda mais uns dos outros. Estamos nos organizando uns contra os outros, usando a etnia, o sexo e identidades indissociáveis. Mesmo quando não estamos guerreando uns contra os outros, definimo-nos cada vez mais por meio de rótulos. Fixamos etiquetas em nós mesmos e procuramos conhecer as etiquetas dos outros. (Você é um leonino? Uma personalidade tipo A? Um líder da teoria Y?) Presumimos que nos conhecemos uns aos outros no momento em que ouvimos o rótulo. À medida que vamos ficando mais ocupados, com menos tempo para sentar e conversar, recorremos mais e mais a essas identidades taquigráficas. A conseqüência é que nos conhecemos menos uns aos outros, mas imaginamos conhecer mais.

Mas o rotularmo-nos com identidades lacônicas cria uma tragédia ainda maior que a estereotipia. Em todo o mundo, a individualidade é usada para autoproteção e agressão. A individualidade se tornou uma arma; ela se materializa em campanhas de ódio organizado contra "outros". O século XX e os primeiros anos do século XXI foram inundados com os terrores incompreensíveis que infligimos uns aos outros por medo e ódio. Foi isso que os mitos de origem previram — a perda da nossa humanidade devido à fragmentação e à separação. Não podemos nos comportar como plenamente humanos se acreditamos que estamos separados.

Muito poucos querem continuar no caminho da separação ou contribuir para o aumento do ódio e da agressão. Se vamos entrelaçar o mundo, em vez de deixar que se desintegre, precisamos de maneiras novas de compreender a diversidade e a diferença. Que tal se nos aproximássemos uns dos outros movidos pela nossa singularidade?

É comum as pessoas dizerem que cada um é único, que não existem duas pessoas exatamente iguais. Entretanto, quantas vezes renunciamos à nossa auto-expressão única para exigir uma identidade? Quando me identifico como mulher branca, americana, de meia-idade, de ascendência anglo-germânica, essas características me descrevem adequadamente? Essas categorias podem me dar um sentimento pessoal de posição no mundo mas, no decorrer de toda uma vida, elas são absolutamente insuficientes para descrever quem eu sou. E se eu restrinjo a minha auto-expressão para ajustar-me a essas categorias mínimas, acabo me sentindo reprimida e decepcionada.

estimuladores de conversação

**A. R. Ammons, poeta americano,
disse isso com perfeição:**

não estabeleça
os limites
primeiro,
os quadrados, triângulos,
caixas
de possibilidades
preconcebidas,
e então
derrame
neles vida, aparando
as arestas,
o potencial finito:

Mas eu sozinha não posso pedir que me vejam totalmente pelo que sou e pelo meu valor intrínseco. Se quero que você reconheça os meus dons, preciso ser curiosa sobre os seus. Tenho a responsabilidade de descobrir e de respeitar os seus. Só criamos espaço suficiente para a nossa auto-expressão quando atraímos a singularidade dos outros.

Sempre que superamos as categorias e os estereótipos, quando nos saudamos como indivíduos interessantes, surpreendemos-nos com quem somos. Tenho certeza de que você já passou pela experiência de estereotipar alguém com base nas aparências, e depois espantar-se ao perceber que ele não correspondia ao seu julgamento. Isso me aconteceu tantas vezes que você poderia pensar que eu não continuaria rotulando as pessoas — um operário malvestido que revelou sua grande admiração por Shakespeare, uma jovem com cabelos tingidos de azul-brilhante e com *piercings* pelo corpo que descreveu o seu trabalho com crianças voltado à não-violência, uma operária que me declamou alguns poemas feitos por ela, uma aldeã desesperadamente pobre que me recebeu em sua casa de um único cômodo imaculadamente limpo. Mas eu ainda me surpreendo. Quando estarei livre dessas categorias que me impedem de apreciar quem você é?

Bernie Glassman, co-fundador da Zen Peacemaker Order, diz que a única coisa que temos em comum são as nossas diferenças. Quando compreendemos isso, diz ele, descobrimos a nossa unicidade. Quase todos já tivemos a experiência de ouvir uma pessoa e de perceber como ela era diferente de nós. Não compartilhamos nenhuma das suas experiências, valores ou opiniões. Mas, surpreendentemente, depois de ouvi-la, nos sentimos mais unidos a ela.

Bernie conta a história de duas pessoas cuja história passada de ódio e de medo poderia tê-las mantido separadas. Ele leva-

estimuladores de conversação

va um grupo a Auschwitz, para uma visita ao campo de extermínio em homenagem ao 1,5 milhão de pessoas ali assassinadas. Entre as 150 pessoas do grupo, duas tinham motivos de sobra para se odiarem: o filho, nascido nos Estados Unidos, de um judeu que fora interno de um campo de concentração e a filha alemã de um comandante nazista do mesmo campo:

> Durante muitos anos o americano ouvira histórias contadas pelo pai sobre a brutalidade do comandante do campo, e encontrar-se frente a frente com a filha do homem em Auschwitz foi quase intolerável para ele. Ele não queria vê-la nem falar-lhe, apenas ficar em silêncio. Mas quando os dois finalmente conversaram e contaram as suas histórias, descobriram que tinham muitas coisas em comum, incluindo vergonha, culpa e silêncio. A raiva esperada desse primeiro encontro acabou se transformando num forte e profundo vínculo de compreensão e empatia, e por fim numa forte e estreita amizade.

Essa recuperação é possível porque, em toda a nossa diversidade, compartilhamos a experiência de ser humanos. Cada um de nós leva em si os mesmos anseios e sentimentos. Sentimos medo, solidão, dor. Queremos ser felizes e viver uma vida dotada de sentido. Descobrimos essa experiência humana comum sempre que ouvimos a história pessoal de alguém. É importante ouvir os detalhes e as diferenças. (Nada interrompe a nossa história mais abruptamente do que alguém que diz, "Sei exatamente como você se sente.") Mas quando ouvimos as histórias em silêncio, quando permitimos que a vida do outro seja diferente da nossa, de repente nos descobrimos pisando em solo comum.

Existe uma experiência humana comum, sempre expressa de formas ricamente diversificadas. Descrevo a seguir alguns anseios mais comuns que observei em diversas culturas e tradições.

Queremos que as nossas crianças sejam saudáveis. Queremos paz e estabilidade em nossas vidas e comunidades. Queremos mudanças que ajudem a aliviar o sofrimento. Pobres ou ricos, preferimos ser generosos e úteis. Queremos aprender coisas que sejam proveitosas. Queremos saber por que a nossa vida é assim, e não de outro modo; o sentido da vida.

Essas aspirações humanas comuns são expressas de milhões de formas. Cada diferença nos ensina algo novo sobre a jornada humana. No Rig Veda do hinduísmo, há uma imagem da Rede de Indra. Somos todos jóias individuais com brilho próprio. Mas somos todos jóias brilhantes na mesma rede, cada uma irradiando a sua luz da posição que ocupa na rede, cada uma refletida na outra. Por paradoxal que seja, nossas expressões individuais são a única fonte de luz que temos para nos ver uns aos outros. Precisamos da luz de cada jóia única para iluminar a nossa unicidade.

estimuladores de conversação

A Rede de Indra

do Rig Veda

descrição de Anne Adams

Há uma rede infinita de fios que perpassa
o universo...
Em cada intersecção da rede há
um indivíduo.
E cada indivíduo é um cristal.
E cada cristal reflete
não apenas a luz de cada
cristal da rede
mas também cada reflexo
através do universo.

Quando procurei trabalhar

para o bem comum?

"Não salvávamos a nós mesmos.
Tentávamos salvar uns aos outros."
Um sobrevivente, World Trade Center,
11 de setembro de 2001.

A vida é muito curta para sermos egoístas.

Quando procurei trabalhar para o bem comum?

Há muitos anos venho conversando com pessoas que ajudaram a resgatar sobreviventes de desastres — bombardeios, enchentes, incêndios, explosões. Elas sempre descrevem suas experiências com pesar, mas também com energia e satisfação. Parece estranho que, diante do horror, elas possam ter esses sentimentos positivos. Mas elas estão descrevendo uma experiência de ação em favor do bem comum — fazendo o que é necessário para ajudar outro ser humano. E essa experiência sempre produz uma satisfação profunda.

Numa crise, o espaço fica totalmente aberto a toda espécie de contribuição. Não há tempo para lamentar ou hesitar; as regras são poucas ou inexistentes. As pessoas ficam imbuídas de um desejo profundo de ajudar, e acabam realizando milagres. Descobrimos em nós capacidades que desconhecíamos. O caos e a urgência num desastre impelem as pessoas a tentarem de tudo, muito além de qualquer plano ou treinamento. Como disse alguém: "Não há mais riscos, porque tudo já é um desastre. Simplesmente se faz o que se pode para ajudar. Se uma coisa não dá certo, tenta-se outra."

Essa é a verdadeira ironia do desastre, especialmente os criados por atos de violência humana — eles nos mostram como as pessoas em geral são boas. A bondade e a capacidade são traços humanos comuns. A maioria das pessoas é mais generosa e habilidosa do que imaginamos. É difícil perceber isso no dia-a-dia, quando trabalhamos em ambientes acanhados, onde nos dizem o que fazer, o que pensar, e onde geralmente somos ignorados, freqüentemente desrespeitados, às vezes desumanizados. Depois de trabalhar e viver sob essas condições, fica difícil você se lembrar das suas próprias capacidades, quanto mais das qualidades dos outros. Mas numa emergência, quando outras pessoas estão sofrendo, emergimos com todas as nossas forças, esquecendo nossos papéis, nosso tédio, nosso cansaço. Os desastres revelam capacidades há muito enterradas pela burocracia e pelo desrespeito.

Você pode não ter participado diretamente de uma operação de resgate, embora todos já as tenhamos visto na TV globalizada. Mas, na nossa vida cotidiana, quase todos tivemos experiências inesquecíveis de trabalhar com outras pessoas, descobrindo a abundante disponibilidade de talento e bondade. Pode ter sido um projeto de equipe minucioso, um trabalho com os vizinhos, um acidente ou uma crise menor — qualquer experiência em que você tenha trabalhado mais para os outros do que para você mesmo.

Você se lembra bem dessa experiência? Lembra qual era o objetivo do trabalho? Quantas vezes os seus esforços estiveram à beira do fracasso? Quantas vezes você se surpreendeu com a criatividade de alguém, ou mesmo com a sua? E agora, passado todo esse tempo, como você se sente com relação àqueles com quem compartilhou essa experiência?

Quando trabalhamos para o bem comum, conhecemo-nos uns aos outros de um modo diferente. Não nos preocupamos com diferenças, com o nível social ou com relações de poder tradicionais. Preocupamo-nos em saber se seremos capazes de fazer o que precisa ser feito. Concentramo-nos no trabalho, não nas pessoas. Aprendemos o que é confiar. Aprendemos a necessidade de uma boa comunicação.

São sempre essas as condições que fazem emergir o que temos de melhor — concentramo-nos em algo que realmente nos preocupa; trabalhamos juntos intensamente, criando soluções de

estimuladores de conversação

139

acordo com a necessidade; assumimos todos os tipos de riscos; comunicamo-nos constantemente.

Essas experiências nos dão a oportunidade de mudar o nosso modo de pensar sobre as pessoas. Podemos ver-nos uns aos outros livres dos papéis e rotinas que encobrem a maior parte de quem somos. Livres de tarefas que nos mantêm excessivamente ocupados para prestar atenção uns nos outros. Livres da fadiga que nos mantém cansados demais para nos interessarmos uns pelos outros.

Não deveria ser preciso uma crise ou um desastre para nos ensinar que a bondade e o talento são algo que temos em comum como seres humanos. Há maneiras mais calmas e simples para aprender quem as pessoas são, que qualidades têm, que obstáculos enfrentam. Por exemplo, podemos abordá-las e conversar com elas.

Trabalhando por algo que está além de nós mesmos, aprendemos sobre o espírito humano. É fácil sentir esperança com relação às pessoas depois de uma dessas experiências. Mas quando servimos aos outros, ganhamos mais do que esperança. Ganhamos energia. As pessoas que fazem trabalho voluntário numa comunidade ou num projeto de serviço solidário, em geral realizam essa atividade depois do expediente, quando já estão muito cansadas. Mas depois de algumas horas de trabalho voluntário em total dedicação, elas vão para casa cheias de energia. Nos esforços de socorro numa catástrofe, os voluntários trabalham sem descanso durante dias, absorvendo energia da ação de salvar pessoas. O trabalho voltado ao bem comum não tira a nossa energia. Pelo contrário, a energia invade o nosso corpo através do nosso coração aberto e do nosso espírito generoso.

A maioria das pessoas descreve o trabalho para o bem comum como inesquecível, ao contrário da atividade do dia-a-dia.

Elas se referem aos compromissos diários como "o mundo real". As experiências que lhes dão energia e esperança elas as chamam de únicas ou diferentes. O que nos impede de ver essas experiências de bondade e de capacidade humana como reais? Por que classificamos o que é enfadonho e destrutivo como mundo real? Como desenvolvemos expectativas tão medíocres a respeito do que é possível quando trabalhamos juntos?

Que tal se usássemos nossas experiências de trabalho para o bem comum como padrão? Não toleraríamos mais atividades e vidas que aos poucos destroem a nossa crença uns nos outros. Poderíamos começar a insistir nas condições que trazem à tona o melhor de nós. Se nos recusássemos a aceitar o caráter entorpecedor do "mundo real", se aumentássemos as nossas expectativas, não seria necessária uma crise para podermos sentir a satisfação de trabalhar juntos, a alegria de realizar um trabalho útil a outros seres humanos.

E então descobriríamos, como escreveu o autor do *Tao Te Ching* 2.600 anos atrás, que "o bem torna-se comum como a relva".

Tao Te Ching,
600 a.C., China

Se queres ser um líder...
não tentes controlar.
Abandona planos e conceitos fixos,
e o mundo governará a si mesmo.

Quanto mais proibições tiveres,
menos virtuoso será o povo.
Quanto mais armas tiveres,
menos seguro estará o povo.
Quanto mais subsídios tiveres,
menos se bastará o povo.

Por isso, diz o Mestre:
Eu abandono a lei,
e o povo se torna honesto.
Eu abandono a economia,
e o povo se torna próspero.
Eu abandono a religião,
e o povo se torna sereno.
Eu abandono todo desejo de bem comum,
e o bem se torna comum como a relva.

Quando tenho a experiência

do sagrado?

Eu não sei o que é a paz.
Mas eu a amo.
Criança afegã de seis anos,
entrevistada num campo de refugiados,
maio de 2001.

Quando tenho a experiência do sagrado?

Tenho a experiência do sagrado como um sentimento. É assim que sinto quando estou aberta à vida. Ou sou aberta pela vida. O sagrado não é um lugar especial, um ritual, um determinado grupo de pessoas. Ele é mais normal que isso. Há muitos lugares e rituais que transmitem a sensação do sagrado, e muitos de nós os procuramos, eu inclusive. Mas eu acho que é importante observar que o ritual não é sagrado; ele apenas abre a porta para a experiência. Não é apenas o lugar que é sagrado; nós também.

Acho triste o fato de muitos de nós termos esquecido, ou nunca termos aprendido, que o sagrado é uma experiência diária. Disseram-nos que precisamos esperar pelo local sagrado, pelo sacerdote ou pelo xamã, ou pelos sons e perfumes apropriados. Muitas tradições e culturas determinam que seja assim. Essa é uma forma historicamente consolidada para controlar o povo. Disseram-nos que é impossível entrar em contato com o sagrado diretamente, e que por isso precisamos de intermediários. Quando não sabemos que o sagrado está presente na nossa vida diária, quando temos de esperar que alguém nos propicie a experiência, fica muito difícil nos conhecermos como sagrados. Na ausência desse conhecimento, aceitamos mais facilmente a dominação e a perda da nossa liberdade. Quando o sagrado se torna uma experiência especial, e não uma experiência comum, fica difícil nos sentirmos inteiramente vivos e plenamente humanos.

O sagrado não é nada especial. É apenas a vida revelando a sua verdadeira natureza. A natureza verdadeira da vida é a plenitude, a rede de Indra abraçando todo ser vivo, capaz de conter todas as expressões únicas. Num momento sagrado, eu vivi essa plenitude. Sei que esse é o meu lugar. Não penso sobre isso, simplesmente o sinto. Sem nenhum esforço da minha parte, o meu coração se abre e o meu sentimento de "eu" se expande. Não estou mais trancada num pequeno ego. Eu não me sinto sozinha ou isolada. Sinto-me aqui. Sinto-me acolhida.

Enquanto escrevo isso, vejo pela janela um pássaro mãe indo e vindo com minhocas pendendo do bico. Ela trabalha com toda a diligência para alimentar os filhotes. Observando-a, lembro-me da minha própria condição de mãe e, de repente, sinto-me ligada a todos os outros seres que, como mães, procuram dar continuidade à vida. Um breve momento observando uma ave trabalhando, e já me sinto diferente, mais conectada. O pássaro, eu, as mães em todo o lugar, estamos todos fazendo a nossa parte para trazer mais vida ao mundo. Ele faz o trabalho dele, eu faço o meu, e nesse momento de reconhecimento, meu coração se abre para a verdade de que somos todos co-partícipes. Em vez de me sentir abatida por essa responsabilidade, sinto-me abençoada.

Descrevi o sagrado como o sentimento de que esse é o meu lugar. Se isso é verdade para os outros, aí estaria a explicação do porquê as pessoas, em toda parte, estão lamentando a perda da comunidade. Estamos sofrendo por viver num estado fragmentado. Separados uns dos outros, desligados da natureza, não conseguimos viver o sagrado. E creio que sabemos o que estamos perdendo. Sabemos que estamos perdendo a experiência mais rica de sermos seres humanos, a fusão inexplicável de sentimentos que nunca podem ser descritos adequadamente. "Eu sentia alegria, embora estivesse chorando. Eu me sentia em paz, embora muito cheia de energia. Eu me sentia eu mesma, mas era mais do que eu."

Na sua experiência, como você descreveria o sagrado? Se você consegue lembrar-se de momentos que lhe pareciam sagrados, havia neles a sensação de estar unido a algo além de você? Você

estimuladores de conversação

se sentiu diferente, talvez mais desenvolvido? Às vezes nós temos essa sensação quando olhamos para um recém-nascido. Ou quando nos sentamos à beira de um regato. Ou quando alguém sorri para nós. Ou quando reagimos à música, a uma tempestade ou a alguma coisa cuja beleza nos pega de surpresa. Como você descreveria a sensação do sagrado?

Não podemos ter a experiência do sagrado em isolamento. Ela é sempre uma experiência de união. Não precisa ser união com outra pessoa. (Lembre-se, eu simplesmente me liguei a um pássaro.) Pode ser ligação com uma idéia, um sentimento, um objeto, uma tradição. Essa ligação nos tira de nós mesmos e nos lança para algo maior. Como nos movemos para além de nós mesmos, a experiência do sagrado freqüentemente é descrita como espaçosa, aberta, libertadora. Descobrimos que somos maiores do que pensávamos.

Também aprendemos, nesses momentos, que a vida não é para ser temida. As experiências do sagrado sempre oferecem a certeza serena de que tudo está bem exatamente como está. As pessoas descrevem essa percepção como entrega, aceitação ou graça. Mesmo que por um único instante, baixamos a guarda e sentimos a vida indefesos. Sem defesa, sentimos paz. Espero que você tenha tido muitas experiências assim na sua vida. Acho importante relembrar esses breves momentos de paz. Eles me ajudam a lembrar que a paz é possível, por piores que sejam as circunstâncias em que me encontre.

Nestes tempos turbulentos, ansiamos por união; ansiamos por paz; queremos os meios para atravessar ilesos o caos. Estamos buscando coisas que só estão disponíveis através da experiência do sagrado. Entretanto, às vezes, na busca dessas metas, fugimos das pessoas e nos recolhemos num ambiente que imaginamos poder controlar. Ou turvamos nossos anseios com experiências ou substâncias que entorpecem a mente. Mas não podemos encontrar ligação, comunidade e paz afastando-nos dos outros ou tornando-nos inconscientes. Encontramos a paz que buscamos quando nos sentimos partes de um todo maior e mais sábio do que o nosso pequeno e confuso eu. A comunidade a que pertencemos é a vida como um todo. A turbulência não pode ser controlada, mas quando paramos de lutar e a aceitamos como parte da vida, ela se mostra diferente.

As experiências do sagrado nos propiciam tudo o que precisamos nesta época estranha, mas extraordinária. Precisamos de tantos momentos sagrados quantos pudermos encontrar. Atraímos esses momentos quando nos abrimos para a vida e uns para os outros. Nesses momentos de acolhimento cheios de graça, sabemos que somos parte de tudo isso, e que tudo está bem.

Dias no Vale

Uma semana em Moqui Canyon,
Lago Powell

MARGARET WHEATLEY

De manhã, os corvos despertam
o grande vale profundo.

Arrancam ecos roucos
de rochas vermelhas,
sons que meus filhos
cravaram ali na noite anterior.

À noite, a lua alveja
os meus cabelos, e aviões a 37.000 pés
deixam esteiras prateadas,
caudas de cometas muito velozes para
dobrar à curva branda da Terra.

Nesta manhã não encontro
o meu caminhão.
Corvos sentam-se nos reboques de barco, sussurrando.
"Corvo, me ajuda a encontrar o meu carro,"
Peço, e procuro descrente.
Volto-me e encontro o meu carro.
O corvo no capô voa.

Hoje à noite, noiva lua,
Visto-me de branco.
A água toca em ritmo
de banda enquanto me extasio no céu.
Eu e essas estrelas,
sem tempo, sem distância,
flutuando à música
no vale que é o nosso lar.

estimuladores de conversação

gestos de amor

Só o amor é suficientemente grande para suportar toda
a dor deste mundo.

SHARON SALZBERG

Espero que agora, no final deste livro, você tenha começado a
conversar. Se o fez, fico imaginando se as suas conversas foram
gestos de amor.

Penso num gesto de amor como numa ação que praticamos
para ajudar outras pessoas a descobrirem a sua humanidade. Um
ato pelo qual vamos ao encontro do outro. Abrimos os nossos corações. Nos oferecemos. Ouvimos. Sempre somos pacientes. Curiosos. Silenciosos. Envolvidos.

Algumas páginas atrás, descrevi o que é ser chamado para
ser plenamente humano. Sinto que nos tornamos mais plenamente humanos com a nossa generosidade, quando vamos ao outro
em vez de nos recolhermos em nós mesmos.

A conversação propicia isso — exige que nos ofereçamos,
que abramos um pouco mais as nossas mentes e os nossos corações, que nos voltemos para os outros, curiosos para saber como
eles vivem as suas vidas. Espero que você tenha tido essas experiências ao conversar.

Falar com outra pessoa envolve certo risco. Em geral, é difícil nos oferecer, baixar a guarda, especialmente com as pessoas que nos metem medo ou que evitamos. Quando nos dispomos a vencer o medo e a falar com elas, isso é um gesto de amor. Curiosamente, o que dizemos não é tão importante. O essencial é que rompemos o silêncio que nos mantém afastados.

Aprendi isso ao ouvir Bernie Glassman descrevendo um encontro entre dois homens de rua. Um era o que popularmente se chama de "toupeira", pois vivia no subsolo, na Cidade de Nova York, entre milhares de outros sem teto que nunca freqüentam as ruas. O outro vivia nos parques da cidade. Bernie descreveu o prazer que sentiu quando esses dois homens isolados e solitários começaram a falar um com o outro. Uma mulher perguntou se havia algum valor nessa conversa — os homens aparentemente haviam dito mais mentiras do que verdades. Bernie respondeu rapidamente: "Não importa o que diziam. Eles estavam conversando um com o outro."

Imagino quanta coragem foi necessária para esses dois homens amedrontados conversarem. Bernie entendia a coragem das ações desses homens, a primeira tentativa de saírem da própria dor e isolamento. Ele não estava preocupado com o conteúdo da conversa. (E sabia que, se continuassem conversando, aos poucos adquiririam confiança — porque é isso que sempre acontece.)

Paulo Freire descreveu o amor como "um ato de coragem, não de medo". Quando encontramos coragem para nos aproximar de quem tememos, isso é um gesto de amor.

Quando somos suficientemente corajosos para correr o risco de conversar, temos a oportunidade de redescobrir o que significa sermos seres humanos. Conversando, praticamos bons comportamentos humanos. Pensamos, rimos, choramos, contamos histórias do nosso dia. Tornamo-nos visíveis uns aos outros. Temos novas percepções e uma compreensão diferente. E, continuando a conversar, podemos descobrir que queremos ser ativistas no nosso mundo. Procuramos saber o que podemos fazer para mudar as coisas. A conversação nos desperta. Não aceitamos mais ser tratados com desconsideração. Tornamo-nos pessoas que trabalham para mudar a situação.

A conversação nos ajuda a recuperar essas capacidades e experiências humanas. Isso é um gesto de amor.

Isso pode parecer estranho, mas a conversa é a prática da liberdade. Quando pensamos juntos, quando questionamos os fatos, quando nos propomos a agir para mudar as coisas, exercemos o nosso direito inato à liberdade. Freire dizia que um ato de amor autêntico sempre gera "outros atos de liberdade; do contrário, não é amor". Portanto, liberdade e amor estão intimamente relacionados. Quando as nossas ações criam liberdade para nós mesmos e para os outros, isso também é um gesto de amor.

Uma conversa só pode acontecer entre iguais. Se um dos interlocutores se sente superior, o diálogo deixa de existir. Então as palavras são usadas para dominar, coagir, manipular. Os que agem com superioridade não podem ajudar, pois tratam os outros como objetos para realizar os seus planos e objetivos. Quando nos vemos como iguais, não usamos o outro. Somos iguais porque somos seres humanos. Reconhecer você como meu igual é um gesto de amor.

O que acontece quando reivindicamos o nosso direito de ser plenamente humanos? Todos se beneficiam. Mesmo os que se sentem superiores, que nos humilham e nos desprezam se beneficiam quando reivindicamos a nossa humanidade plena. Quando nos recusamos a aceitar condições e atitudes degradantes, os que detêm o poder ficam sem alvo para os seus gestos de opressão. Mesmo que queiram continuar com suas práticas habituais, nós não o permitimos. Nossa recusa lhes dá a oportunidade de explorar comportamentos novos, mais humanizados. Eles podem não optar pela mudança, mas quando nos propomos a lutar por nós mesmos, damos também a eles a oportunidade de serem plenamente humanos. Quando somos corajosos o bastante para respeitar a nós mesmos, oferecemos a todos os outros ocasião para assumir a própria humanidade.

Essa é uma realização maravilhosa — reivindicar a nossa vocação de sermos plenamente humanos é o modo de oferecer amor a todas as pessoas. Como tal, é o nosso gesto supremo de amor.

Escolha a Vida
só ela e sempre,
a qualquer custo.
Deixar a vida esvair-se, deixar que se dissipe
com a mera passagem do tempo, negar-se
a oferecê-la e a expandi-la
é escolher
o nada.

Irmã Helen Kelley

ao encontro do outro

Não há poder maior do que o de uma comunidade que descobre o que a preocupa.

Pergunte "O que é possível?" e não "O que está errado?" Continue perguntando.

Perceba o que o preocupa.
Aceite que muitos outros compartilham os seus sonhos.

Tenha coragem para começar uma conversa que interesse.
    Converse com pessoas que você conhece.
    Converse com pessoas que você não conhece.
    Converse com pessoas com quem você nunca conversou.

Preocupe-se com as diferenças que ouve.
    Espere ser surpreendido.
    Valorize mais a curiosidade do que a certeza.

Convide todos os que querem trabalhar no que é possível.
    Reconheça que todos são especialistas em alguma coisa.
    Saiba que as soluções criativas nascem de novos contatos.

Lembre-se: você não tem medo de pessoas cuja história conhece.
O verdadeiro ouvir sempre aproxima as pessoas.

Acredite que conversas significativas podem mudar o seu mundo.

Conte com a bondade humana. Fiquem juntos.

referências

9. "You must give birth..." [Você precisa dar à luz as suas imagens], adaptação, Rilke, *Letters to a Young Poet*.

16. "O arcebispo Desmond Tutu descreve essa..." in Tutu, p. 212.

27. "Na descrição do sociólogo John Berger..." in McLaren, p. 18.

37. "Paulo Freire, um educador do Brasil e do mundo que usou a educação..." in Freire, *Pedagogy of the Oppressed*, p. 123.

69. "Não nos propomos a salvar o mundo..." in Chödrön, *When Things Fall Apart*, p. 100.

70. "O enfoque de Paulo Freire à educação é chamado de 'pedagogia do amor'." in McLaren.

75. "E se descobrirmos que o nosso modo de viver atual é..." in Freire, *Pedagogy of the Oppressed*, p. 61.

83. "O amor é muito mais exigente que a lei." in Tutu, p. 75.

85. "Das duzentas e quarenta e poucas nações ..." ver "Downward Trend in Armed Conflicts Reversed" de A. J. Jongman www.fsw.leidenuniv.nl

93. "A que devo a ventura de..." Pema Chödrön, Omega, Nova York, Maio 1999.

103. "Acredito que..." in Tutu, p. 128.

112. "Bernice Johnson Reagon..." in Salzberg, p. 151.

117. "A história do século XX propôs-se a ..." in Suzuki, p. 275.

119. "Se toda a humanidade desaparecesse..." in Suzuki, p. 13-14.

122. "Compreenderíamos os sentimentos de..." in Suzuki, p. 272.

125. de *Letters to a Young Poet*, p. 92-93.

127. "Somos diferentes para ..." in Tutu, p. 214.

127. "Se D–s nos quisesse..." Imam Makram El-Amin, at Minneapolis Interfaith Dialogue, May 9, 2001.

130. "A. R. Ammons, poeta americano..." in *Tape for the Turn of the Year*, p. 116.

132. "Durante muitos anos, o americano ouvira..." in Glassman, p. 28.

135. A Rede de Indra, descrição de Anne Adams, do *Rig Veda*.

152. "Só o amor é suficientemente..." in Salzberg, p. 109.

153. "Paulo Freire descreveu o amor como..." in Freire, *Pedagogy of the Oppressed*, p. 78.

154. "Freire dizia que um ato de amor ..." in Freire, *Pedagogy of the Oppressed*, p. 78.

créditos e permissões

Poemas

Do *The Tao Te Ching,* de Lao Tzu, tradução de Stephen Mitchell, Seção 57, "If you want to be a great leader..." ©1988, by Stephen Mitchell. Reproduzido com permissão de HarperCollins Publishers, Inc., e Pan MacMillan Ltd.

"Self-Portrait" de *Fire in the Earth,* de David Whyte. ©1992, de David Whyte. Reproduzido com permissão de David Whyte.

De *Mental Fight,* Ben Okri. ©1999, de Ben Okri. Reproduzido com permissão de David Godwin Associates em nome do autor.

"For the Children", de *Turtle Island,* de Gary Snyder. ©1974, de Gary Snyder. Reproduzido com permissão de New Directions Publishing Corp.

Foto de abertura: família Latvian, Riga. ©Jim Brandenburg, com permissão de Minden Pictures.

Foto de fechamento: mulheres Cham voltando do mercado, Indochina 1952 (Vietnam/Camboja). ©Werner Bischof, com permissão de Magnum Photos.

bibliografia

Abram, David. *The Spell of the Sensuous: Perception and Language in a More Than Human World*. Nova York: Vintage Books, 1997.

Ammons, A. R. *Tape for the Turn of the Year*. Nova York: W.W. Norton Co., 1965.

Arrien, Angeles. *The Four-Fold Way: Walking the Paths of the Warrior, Teacher, Healer and Visionary*. San Francisco: HarperSan Francisco, 1993.

Baldwin, Christina. *Calling the Circle, The First and Future Culture*. Nova York: Bantam, 1997.

_____, *The Seven Whispers: Listening to the Voice of Spirit*. Novato, Califórnia: New World Library, 2002.

Bender, Sue. *Everyday Sacred: A Woman's Journey Home*. Nova York: HarperCollins, 1995.

Bernard,Ted e Jora M. Young. *The Ecology of Hope: Communities Collaborate for Sustainability*. Gabriola Island, B.C.: New Society Publishers, 1996.

Block, Peter. *The Answer to How is Yes: Acting on What Matters*. San Francisco: Berrett-Koehler Publishers, 2002.

Chödrön, Pema. *When Things Fall Apart*. Boston: Shambhala Publications Inc., 1997.

Chödrön, Pema. *The Places that Scare You: A Guide to Fearlessness in Dif-*

ficult Times. Boston: Shambhala Publications Inc., 2001.

Freire, Paulo. *Pedagogy of the Oppressed*. Nova York: Herder and Herder, 1970.

_____ *Education for Critical Consciousness*. (Myra B. Ramos, trad.) Nova York: Continuum, 1973.

Glassman, Bernie. *Bearing Witness: A Zen Master's Lessons in Making Peace*. Nova York: Bell Tower, 1998.

Halamandaris, Val J. *Great Secrets of the Universe: A Compendium of Caring Thought*. Washington, D.C.: Caring Publishing, 2000.

Hawkins, Paul. *The Ecology of Commerce*. Nova York: HarperCollins, 1993.

Jongman, A. J. "Downward Trend in Armed Conflicts Reversed" at www.fsw.leidenuniv.nl

Kemmis, Daniel. *Community and the Politics of Place*. Oklahoma: University of Oklahoma Press, 1992.

Kretzman, B. e J. McKnight. *Building Communities from the Inside Out: A Path Towards Finding and Mobilizing a Community's Assets*. Chicago: ACTA Publications, 1997.

Kellert, Stephen e Edward O. Wilson, orgs. *The Biophylia Hypothesis*. Washington D.C.: Island Press, 1993.

Laszlo, Ervin. *Macroshift: Navigating the Transformation to a Sustainable World*. San Francisco: Berrett-Koehler Publishers, 2001.

Leakey, Richard e Roger Lewin. *The Sixth Extinction: Patterns of Life and the Future of Humankind*. New York: Anchor Books, 1997.

Loeb, Paul Rogat. *Soul of a Citizen: Living with Conviction in a Cynical Time*. Nova York: St. Martin's Press, 1999.

Lusseyran, Jacques. *And There Was Light*. Nova York: Parabola Books, 1998.

Macy, Joanna e Molly Young Brown. *Coming Back to Life: Practices to Reconnect Our Lives, Our World*. Canadá e EUA: New Society Publishers, 1998.

McKnight, John. *The Careless Society: Community and its Counterfeits*. Nova York: Basic Books, 1995.

McLaren, Peter. *Paulo Freire and Che Guevara, and The Pedagogy of Revolution*. Lanham, Maryland: Rowman & Littlefield Publishers, Inc., 2000.

Mitchell, Steven. *Tao Te Ching*. Nova York: HarperPerennial, 1992.

Morley, Barry. *Beyond Consensus: Salvaging Sense of the Meeting*. Wallingford, Pennsylvania: Pendle Hill Pamphlet 307.

Neruda, Pablo. *Extravagaria*. Alistair Reid, trads. Nova York: Noonday Press, 2001.

Okri, Ben. *Mental Fight*. Londres: Phoenix Books, 1999.

Palmer, Parker. *Let Your Life Speak: Listening for the Voice of Vocation*. San Francisco: Jossey-Bass, Inc., 2000.

Palmer, Parker. *The Courage to Teach*. San Francisco: Jossey-Bass, Inc., 1998.

Rilke, Rainer Maria. Stephen Mitchell, Trads. *Letters to a Young Poet*. Nova York: Vintage Books, 1986.

Salzberg, Sharon. *Lovingkindness: The Revolutionary Art of Happiness*. Boston e Londres: Shambhala Publications, Inc., 1997.

_____. *A Heart as Wide as the World*. Boston: Shambhala Publications, Inc., 1997.

Schumacher, E. O. *Small is Beautiful*. Nova York: Harper & Row, 1973.

Suzuki, David e Holly Dressel. *From Naked Ape to Superspecies*. Toronto: Stoddart, 1999.

Snyder, Gary. *Turtle Island*. Nova York: New Directions Publishing, 1974.

The Compact Edition of the Oxford English Dictionary. Volume I. Oxford University Press, 1971.

Trout, Susan. *Born to Serve: The Evolution of the Soul Through Service*. Alexandria, Virginia: Three Roses Press, 1997.

Tutu, Desmond Mpilo. *No Future Without Forgiveness*. Londres: Rider, 1999.

Watkins, Jane Magruder e Bernard J. Mohr. *Appreciative Inquiry: Change at the Speed of Imagination*. San Francisco: Jossey-Bass/Pfeiffer, 2001.

Wright, Robert. *NonZero: The Logic of Human Destiny*. Nova York: Vintage Books, 2001.

Whyte, David. *Fire in the Earth*. Langley, Washington: Many Rivers Press, 1999.

bibliografia

endereços na rede mundial

Relação de alguns endereços na rede mundial que se referem a uma ou mais conversações e temas abordados em *Conversando a gente se entende*. A lista está longe de ser completa, mas eu a incluo aqui para incentivar o leitor a aprofundar seus conhecimentos sobre o assunto por meio da rede mundial.

Appreciative Inquiry Lista de Recursos. www.serve.com/taos/ appreciative.html

Asset Based Community Development Institute. www.nwu.edu/IPR/abcd.html

Berkana Institute. Instituto que presido, voltado a uma liderança global em favor da vida. www.berkana.org

Caring Institute, acreditando que a solução para a maioria dos problemas está na solicitude humana. www.caring-institute.org

Chaordic Commons, uma rede para organizações em busca de novas formas que assegurem um mundo sustentável. www.chaord.org

Co-Intelligence Institute, um celeiro de pessoas, processos e sítios que apóiam a democracia e a ação inteligente. www.co-intelligence.org

Cultural Creatives, informações sobre os milhões de pessoas que pensam de modo diferente e que trabalham para mudar a sociedade. www.culturalcreatives.org

Ecoliteracy — ensinando crianças a cuidarem da terra através de projetos desenvolvidos em escolas locais. www.ecoliteracy.org

Emerging (younger) leaders interligados como uma rede mundial realizando um trabalho de esperança e paixão. www.pioneersofchange.org

Families around the world, do livro *Families as We Are:* Conversações de todo o mundo, de Perdita Houston www.familiesasweare.com

From The Four Directions, uma liderança global, iniciativa do The Berkana Institute. www.fromthefourdirections.org

Future Search, um processo de envolvimento de toda a comunidade para

explicitar a sua visão e transformar sonhos em realidade.
www.futuresearch.net

Institute of Noetic Sciences, criando uma sociedade de sabedoria global em que a consciência, a espiritualidade e o amor estão no centro da vida.
www.noetic.org

Joanna Macy, uma das ativistas mais altruístas e determinadas a uma verdadeira mudança social no mundo.
www.joannamacy.net

New *Stories* (fundador, Bob Stilger) envolvimento de comunidades universitárias e de outros sistemas em iniciativas de mudança. Bob é um amigo e colega com quem muito aprendi e continuo aprendendo.
www.newstories.org

Open Space Technology, um processo criado por Harrison Owen para reuniões organizadas em torno do interesse das pessoas.
www.openspaceworld.org

Obra de Paulo Freire.
www.paulofreire.org —
Em inglês e português.

Public Conversation Project, iniciativa para levar os processos de conversação a questões públicas e comunitárias difíceis.
www.publicconversations.org

Ativismo Espiritual mantido por círculos de conversação locais nos EUA e em outras partes do mundo.
www.renaissancealliance.org

Sustentabilidade nos lares, comunidades, postos de trabalho. Inclui os inspiradores comentários de Donella Meadows.
www.sustainer.org

Turning the Tide: Nine Actions for the Planet. Modos simples de contribuir eficazmente.
www.newdream.org/turnthetide

Vision for a Better World Foundation.
www.insurancealternatives.com

Zen Peacemaker Order, co-fundador Bernie Glassman.
www.peacemakercommunity.org/

endereços na rede mundial

IMPRESSÃO E ACABAMENTO
COMETA GRÁFICA EDITORA
TEL/FAX - 11 2062.8999
www.cometagrafica.com.br